JN023342

Testosterone

慶應義塾大学大学院教授 前野隆司［監修］

幸福の達人

科学的に
自分を幸せにする
行動リスト50

ユーキャン
自由国民社

はじめに

人はみな幸福であるべきだ。幸せは全人類が享受すべき当然の権利であり、なんなら僕が人生を賭けて推している筋トレだって、幸福になるための一つの手段と言っていい。

だが、みんなが幸せになりたいと願っているのに、悲しいことに現実はそうなっていない。僕のTwitterアカウント（@badassceo）には悩みや悲しみ、閉塞感を抱えて生きている人からのメッセージが絶えることなく送られてくるし、国連が発表している『World Happiness Report 2020』によると、GDP世界3位で物質的には満たされているはずの日本の幸福度ランキングは62位だという。みんなが幸せな人生を送るにはどうすればいいのか。

話を進める前に、そもそも幸福とはどういう状態を指すのかを定義しておこう。本書では幸福とは、**「主観的に自分が幸せであると感じられる状態」**というメチャメチャゆるめな定義をぶち上げておきたい。要は、**自分で自分が幸せだと思えるのならオールオッケー**ってやつである。仕事にやりがいを感じたっていいし、家族と過ごす時間がプライスレスという人がいてもいいし、趣味に命を懸けたっていい。それぞれをバランスよくミックスしたっていいし、しなくたっていい。社会に認められようが認められまいが、あなたがハッピーならそれでいい。人生は幸せになったもん勝ちである。

人生における幸福（＝主観的に自分が幸せであると感じられる状態）を最大化・最長化するにはどうしたらいいか？

というのが本書のメインテーマである。ここで、皆さんに良い知らせがある。科学が発展する以前、幸福というボンヤリしたものを扱うのはもっぱら哲学や宗教の仕事であったが、近年、この分野にも科学のメスが入り始め、科学的知見が蓄積されてきた。そう、幸福が科学されているのである。科学されているということは再現性があるということである。なんたるグッドニュース！　幸せになりたい放題だぜ！

科学カッコいい！
サイエンス最高！
研究者の皆さんちょぉ大好き！
もぅマヂ無理……本でも書こぅ。。。

……ゴホン……。すまない。この本を書こうと心に誓った時の熱い気持ちがあふれ出してしまった。話を戻そう。人々の幸福度を高める「再現性のある介入方法」を科学的に研究、検証しているのが「ポジティブ心理学」や「幸福学」と言われる学問だ。本書では幸福学の第一人者である慶應義塾大学大学院の前野隆司教授のお力も借り、科学的なアプローチで「幸福になる方法」を追求した。世界中の研究論文から導き出した幸福になるための知見を具体的な行動、つまり「TO DOリスト」に落とし込むことで、難しいことを考えなくても確実に幸せに近づいていけるような構成になっている。もちろん、読み進めるにつれ、脳科学に基づく脳の特性や、心理学的に実証された生き方のコツといった使える知識が身につくこともお約束しよう。

数々の研究によると、「幸福になるための考え方」「幸福に近づく行動」は次の6つに大別できる。

1　脳のクセを攻略（ハック）する

人間の脳には様々な特性がある。例えば「快楽適応」といって、楽しみにはすぐ慣れる傾向があるため、宝くじに当たったとしてもその幸福感は1年後には元通りになってしまう。こうした脳の「仕様」を理解し、攻略（ハック）することで幸せに近づける。

2　ポジティブな面に注目する

人生には「解釈ゲーム」という側面がある。おみくじを引いて吉が出たとする。「大吉じゃないのかよ……」と落ち込む人は物事の良い部分ではなく悪い部分を見る癖があるので幸せになれないし、「大凶じゃなくて良かったぜ！」と喜ぶ人は物事の良い部分に注目できるので幸せになれる可能性が高い。

3　利他の心を持つ

社会的な動物である人間には、他者や自分が所属する集団に貢献したいという本能があるため、親切やボランティアといった活動は「する側」も「される側」も幸福にするパワーを秘めている。

4　人間関係（ソーシャル）に投資する

あらゆる文献が「幸福な人々は家族や仲間と親密な人間関係を育んでいる」ことを示している。逆に孤独な人は社会的支援を十分に受けている人と比べて不幸である傾向が高く、心身の健康もリスクにさらされやすくなってしまうという。

5　健康を死守する

どんな「幸せになる技術」も心身の健康という土台がなければ成り立たない。「食事」

「運動」「睡眠」という命より大事な3原則を守り抜こう。

6 自尊心を育てる

幸福が「現状を肯定すること」とほぼ同義である以上、自分を肯定できないことには何も始まらない。自尊心を高めるためには「他人の評価から自由になる」「自己コントロール感を持つ」といったエクササイズが有効だ。「自分イカすやん」って思えたら人生が楽しくなるのは想像に難くない。

それぞれの項目は関連しているものもあるが、基本的にはすべて独立している。気になったものや、気軽に取り組めそうなものから挑戦してもらえればうれしい。巻末にチェックリストも用意したので、「Small Wins」（226ページ参照）を積み重ねて達成感を味わうのもいいだろう。

幸せになることは料理や運転と同じで「技術」に近い。正しい技術を学んだり、繰り返し練習したりする必要はあるが、誰でもマスターすることができる。本書を読み、実践し、一人でも多くの人が幸せになれるよう、心から願っている。

Testosterone

Contents

はじめに――003

第1章 脳のクセを攻略(ハック)する

①「モノ」ではなく「経験」を買う――018
➡「モノより思い出」は本当だった

②お金に執着するのをやめる――022
➡年収660万円!?……収入の充足点はどこか

③1日5分、呼吸に集中する――026
➡幸せな人は「今、ここ」に集中している

④2カ月後の旅行を予約し、前払いする――030
➡旅行そのものより「計画すること」が幸福度を上げる

⑤最高の瞬間を、中断する――034
➡喜びを最大化し、苦痛を最小化する意外な方法

⑥スマホ断捨離をする――038
➡スマホは集中力と幸福を同時に奪う

⑦チャレンジングだが、達成可能なゴールを設定する——042
➡限界を突破してフロー状態を体験せよ

⑧「時間」を買う——046
➡幸せなのは「お金持ち」より「時間持ち」

⑨テレビを見る時間を減らす——050
➡テレビは時間&幸福泥棒！　ほどほどにしよう

⑩神頼みはやめて行動する——054
➡自ら行動するものだけが持続する幸福を手にする

第2章　ポジティブな面に注目する

⑪「明日起きそうな良いこと」を2分間想像する——060
➡ポジティブな「メンタルタイムトラベル」に出かけよう

⑫毎週日曜日の夜に感謝すべきことを5つ書き出す——064
➡「感謝の達人」＝「幸福の達人」

Contents

⑬もしも●●がなかったら？　と想像し、紙に書き出す――068
➡「ネガティブビジュアライゼーション」を活用しよう

⑭常に笑顔でいる――072
➡「本物の笑顔」で過ごす時間を増やそう

⑮ネガティブな言葉を使わない――076
➡ネガティブ発言はあなたの幸福を削り取る

⑯自分の「強み」を使う――080
➡強みを生かすことが自分も社会も幸せにする

⑰将来の最高の自分を想像して書き出す――084
➡「将来の最高の自分」が今のあなたを導いてくれる

⑱なんでもない「日常」を味わう――088
➡「セイバリング」で小さな幸せを味わい尽くそう

⑲幸福な思い出を追体験する――092
➡脳内タイムマシーンで自分史上最高の1日にトリップしよう

⑳「回避目標」ではなく「接近目標」を立てる――096
➡あなたを幸福にする目標と不幸にする目標

第3章 利他の心を持つ

㉑「他人の良いニュース」に興味や熱意をもって反応する——102
➡積極的×建設的なリアクションをマスターしよう

㉒友だちや同僚にランチをおごる——106
➡人のために使った時間やお金は幸せを運んでくる

㉓自分の仕事が誰を幸せにしているかを考えてみる——110
➡自分の仕事を「天職」に変える方法

㉔寄付をする——114
➡寄付は必ずリターンが得られる投資である

㉕週に2時間ボランティアをする——118
➡ボランティアは幸せアクトの宝庫

㉖「親切デー」をつくる——122
➡親切こそ最強の人生戦略である

Contents

第4章 人間関係(ソーシャル)に投資する

㉗「挨拶の輪」を広げる――128
➡パパとママの教えは正しかった

㉘許す――132
➡相手ではなく、自分を解放するために許そう

㉙残業をやめる――136
➡残業は幸福をお金で売り渡す行為である

㉚毎日5回ハグする――140
➡日常的にハグするリア充が健康も幸福も手に入れる

㉛幸福な体験を誰かとシェアする――144
➡体験を共有すると喜びがブーストする

㉜人と一緒に過ごす時間を増やす――148
➡人とのつながりは幸福の一丁目一番地

㉝悪い人間関係を断つ――152
➡質の悪い人間関係はあなたの寿命を縮める

第5章 健康を死守する

㉞毎日5000歩以上歩く――158
↓じっとしている人は不幸になりやすい

㉟7時間寝る――162
↓睡眠は最も手軽で大切な最強の自己投資である

㊱週に10分運動する――166
↓運動は最初の10分がゴールデンタイムだった

㊲5分間、自然の中で過ごす――170
↓「グリーンエクササイズ」の驚くべき効果

㊳スポーツジムに入会する――174
↓ジムの月会費ほどコスパのいいものはない

㊴歯のメンテナンスをする――178
↓芸能人は歯が命！　一般人も、歯が命！

㊵朝型人間になる――182
↓早寝早起きしろ。話はそれからだ

Contents

第6章 自尊心を育てる

㊶野菜や果物の消費量を増やす――186
↓フルーティーでベジタブルな生活が医者も憂鬱も遠ざける

㊷正しいことをする――192
↓「正直者が馬鹿を見る」は嘘

㊸他人と比較しない――196
↓「社会的比較」から自由になる

㊹SNSの使用時間を減らす――200
↓SNSは最凶のレファレンスポイントである

㊺過去のつらい経験を15分間書き出す――204
↓書くことで、心の深いところにある感情と向き合う

㊻信じられるものを持つ――208
↓信じる者は本当に救われる

㊼観葉植物を育てる――212
⬇「コントロール感」を取り戻そう

㊽容姿で悩むのをやめる――216
⬇脱ルッキズムのすすめ

㊾自己完結する目標を持つ――220
⬇内在的な目標vs外因的な目標

㊿「小さな勝利」を積み重ねよう――224
⬇「Small Wins」が最高の日をつくる

おわりに　科学的に自分を幸せにする行動チェックリスト50――229

参考文献――240

第1章

脳のクセを攻略（ハック）する

Mo Money Mo Problems
（金が増えれば問題も増える）

――The Notorious B.I.G.
（24歳で銃殺されたNY出身の伝説のラッパー）

「モノ」ではなく「経験」を買う

やること
①最近、何にお金を使ったか考えてみる
②「モノ」消費を減らし、「経験」消費を増やす

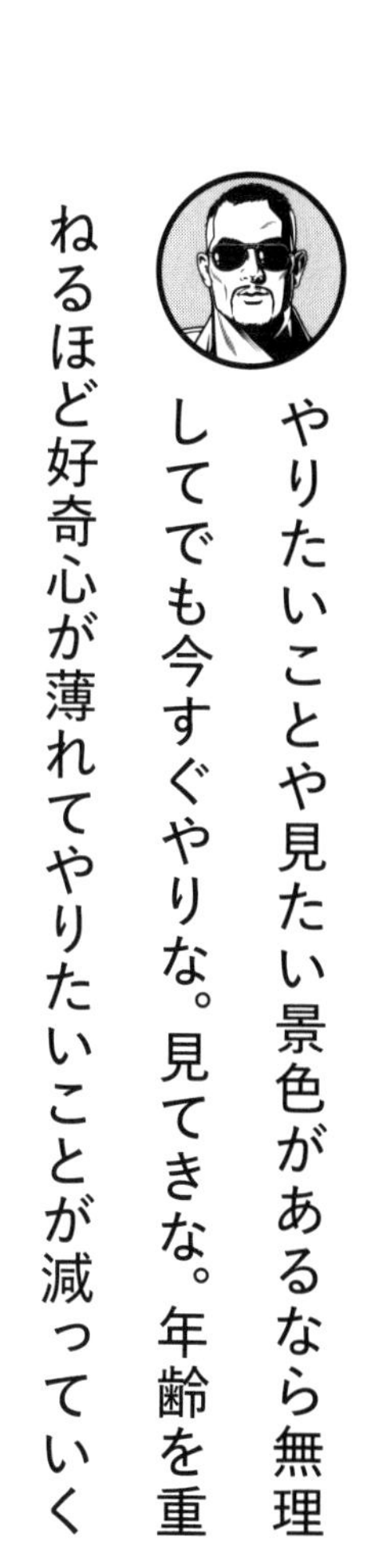

やりたいことや見たい景色があるなら無理してでも今すぐやりな。見てきな。年齢を重ねるほど好奇心が薄れてやりたいことが減っていくし、感受性は鈍り、体力も落ちて経験の費用対効果が下がっていく。多少無理してでも若くて（あなたが人生で一番若いのは常に今）好奇心旺盛で感受性も高く体力があるうちにできるだけ多くの経験しておきなよ。絶対に後悔しないから。

「モノより思い出」は本当だった

消費には2種類ある。「モノ」消費と「経験」消費である。例えば、高価な車や時計を買うことは「モノ」消費であり、旅行に行くことや、コンサートを鑑賞することにお金を使うのは「経験」消費だ。研究によれば、人を幸せにするのは「経験」消費のほうだという。

コロラド大学のグループによる研究（Boven et al. 2003）［＊1］では、被験者に物質的な購入（例：新車のメルセデスベンツを買う）と経験的な購入（例：海辺へバカンスに出かける）について考えてもらった結果を調べた。すると、**幸福度に貢献しているか、良いお金の使い方だったか、といった質問項目で経験的な買い物のほうが高い点数を記録した**という。

購入前の心理にフォーカスを当てた別の研究（Kumar et al. 2014）でも、**未来の経験に関する購入について考えた時のほうが、未来の物質的な購入について考えた時よりも興奮度や喜びの点で優っていた。**買う予定のブランドバッグについて考えることよりも、来月の旅行のほうが楽しみだし、考えるだけでテンションが上がる、という人のほうが多いのだ。この研究では、**経験に関する購入のほうが、より長く幸福度に寄与する**こともわかっている。研究者らによると、人間には経験に適応するのは遅く、モノに適応するのは早いという特性があるからだという。高価なモノを買って得られた喜びはすぐ減退してしまうのに対し、経験を通して得た喜びには持続性がある、ということらしい。

確かに、欲しかったモノをゲットした興奮にはしばらくすれば慣れてしまうけど、思い出はいつまでたっても色あせないよね。あなたにも思い出すだけで心がポッと温まるような思い出が一つや二つあるんじゃない？「恋人と見た〇〇がきれいだったな〜」とか「友達と行ったあの旅行は最高だったな」とかね。俺にも……あれ……？　スグに思い浮かぶものが何もない！　そして横には奮発して買ったのに3日で使わなくなったエクササイズ器具がある！（ダンベルとバーベルが優秀過ぎて他に何もいらなかった案件）

消費の仕方を抜本的に見直さないといけないかもしれない！

さっそく彼女と旅行の予定でも入れようかと思ったけど彼女がいない！

生き方を抜本的に見直さないといけないかもしれない！

＊1……「et al.」は共同執筆者がいることを示す。つまりBovenさん「ら」が書いた論文を参照していますよ、ということ

お金に執着するのをやめる

やること
①お金と幸福の関係について考える
②お金は人生の一部分でしかないと理解し、健康、人間関係、趣味などとのバランスを適切に保つ

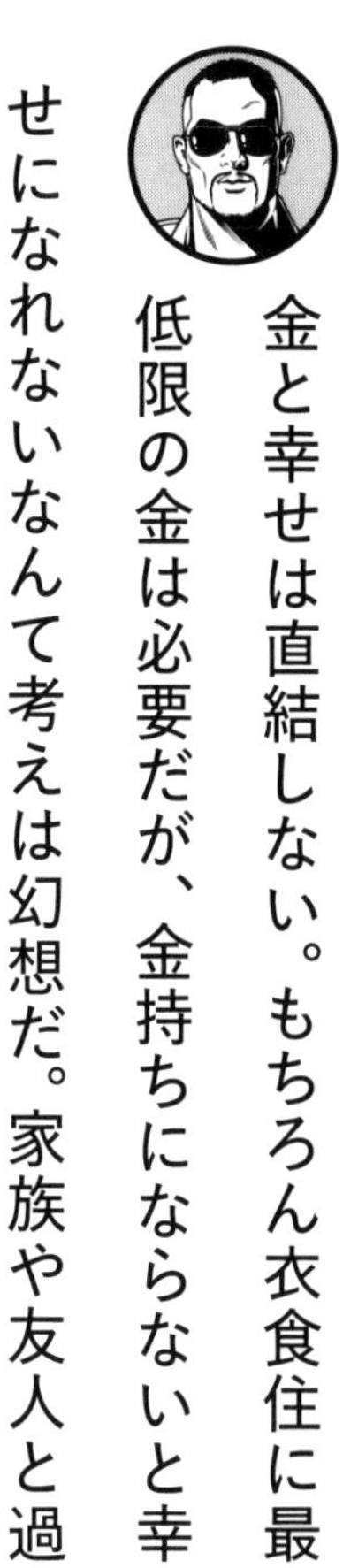

金と幸せは直結しない。もちろん衣食住に最低限の金は必要だが、金持ちにならないと幸せになれないなんて考えは幻想だ。家族や友人と過ごす。筋トレ。読書。漫画。映画。人生において究極に楽しい活動はそこまで金がかからないことばかりだ。金を稼ぐのに必死でそれらを楽しむことを忘れてたらもったいない。

年収660万円!?……収入の充足点はどこか

価値観は人それぞれだ。お金が大切な人もいるし、家族が大切な人もいるし、仕事が大切な人もいる。様々な価値観がある中で、資本主義社会に生きる我々の大多数が崇拝する最大の宗教が「お金があれば幸せになれる教」である。果たして、この信仰は正しいのだろうか？

ノーベル経済学賞を受賞したダニエル・カーネマン博士らの有名な研究（Kahneman et al. 2010）から見ていこう。この研究では、幸福を日常生活で感じる喜びやストレスなどの感情に基づく「感情的幸福」と自分の人生について考えた時の評価を指す「満足度」の2つに分け、収入と幸福について考察している。生活や収入、幸福などについて、アメリカ人1000人から得た45万件の回答を分析したところ、世帯収入が増えるにつれて、2つの幸福度は上昇する。ただ、世帯年収が7万5000ドルを超えると、満足度は上昇するものの、感情的な幸福の上昇は頭打ちになるという結果が出たという。そして、低所得は健康状態の悪化や孤独などの不幸に関連する感情的な痛みを増加させる（例えば同じ頭痛に襲われたとしても、低所得の人はより感情的ダメージが大きい）ということもわかった。

収入の上昇がある地点に達すると幸福感の上昇が止まる傾向は世界各国でみられるようだ。164カ国から170万人以上のサンプルを抽出し、「収入の充足点＝収入の増加が幸福度の向上に影響しなくなるポイント」を調べた研究（Jebb et al. 2018）によると、**日本を含めた東アジアでは、「感情的な幸福」が向上しなくなる世帯年収の充足点は約6万ドル（約660万円）だった**という。

これらの研究から得られる学びは、低収入は不幸と結びつく可能性が高いが、収入の増加が必ずしも幸せにつながるわけではない、ということだろう［＊1］。「いや、それでも私は金を稼ぐんだ」という人がいても別に構わない。確かに、ある一定のポイントまでは収入の増加が幸福の増加に直結するし、世の中にはお金で防げる不幸があふれかえっている（お金のせいで生まれる不幸が多過ぎるので、ベーシックインカム導入賛成派です）。だが、お金を稼ぐために家族や友人、睡眠や健康といった大事にすればより幸福になれる可能性が高いことを犠牲にしているなら、ワークライフバランスについて再考してみることをおすすめしたい。

ちなみに、私は**「筋肉があれば幸せになれる教」**の信者です。筋肉は裏切らないのでとっても幸せです。よろしくお願いします。

＊1……収入による幸福度の向上には上限がない、と主張する研究（Killingsworth 2021）もある（P240参照）ので興味がある人は読んでみてほしい

1日5分、呼吸に集中する

やること
①リラックスして目を閉じ、呼吸に意識を集中する
②雑念が浮かんだらそれを手放し、再び呼吸に集中する
③5分間続ける

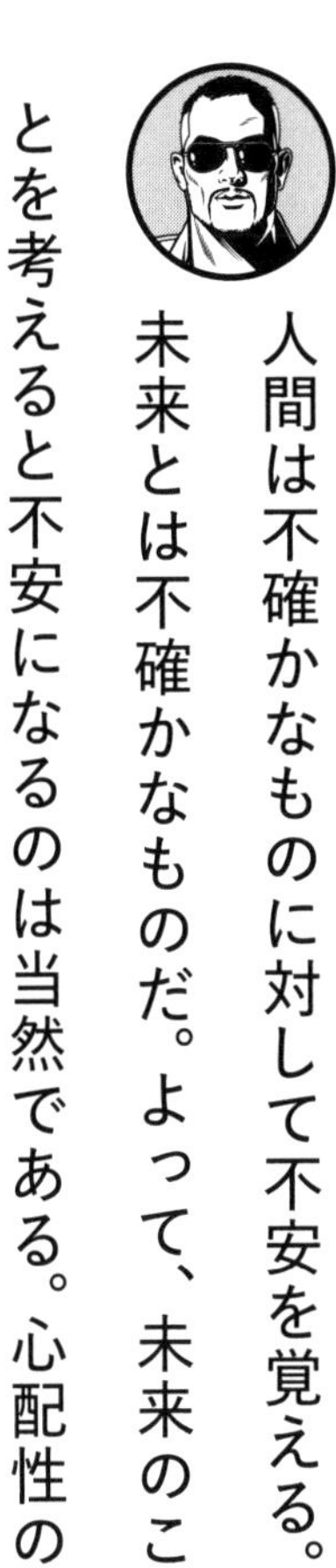

人間は不確かなものに対して不安を覚える。未来とは不確かなものだ。よって、未来のことを考えると不安になるのは当然である。心配性の人とそうじゃない人の違いは性格の違いというよりも、思考が未来に向いているか今に向いているかだ。心配がなさそうに見える人は心が強いのではなく今に集中している。

幸せな人は「今、ここ」に集中している

人間の脳は放っておくと過去の悪い経験を思い出したり、将来に起こり得る不安要因について考えたり、抱えている心配事に関してあれこれ悩んでしまったりするようにできている。脳科学ではこうした脳の仕組みを「デフォルトモードネットワーク（ＤＭＮ）」と呼ぶ。ＤＭＮが活性化され過ぎると、ストレス増加、脳機能の低下、クリエイティビティの減少といった様々な悪影響が生じる。脳のデフォルト（初期設定）はオフ状態ではなく、ネガティブ方向にフル稼働するように設定されているのだ。つまり、脳を休ませたければ意識的に脳の電源をオフにしてやる必要がある。じゃあスイッチはどこ？ここで瞑想の登場である。不幸のもととなることもあるデフォルトから脳を解放し、「今、ここ」に意識を向けるために瞑想［＊1］は非常に有効なのだ。

瞑想時の脳の状態を脳画像検査によって調べた研究（Shapiro et al. 2005）によると、**瞑想している時（＝呼吸に集中するように促されている時）にＤＭＮが非活性化することがわかった**という。また、瞑想は幸福度のアップや不安の減少と密接に結びついており、瞑想の効果を測定した研究（Smith et al. 1995）では、**瞑想を含む幸福介入プログラムを実践したグループは、瞑想を除く幸福介入プログラムを実践したグループ**（いずれのグループ

も6週間の間に90分のセッションを12回実施した）や、プログラムを受けなかったグループと比べて、幸福度、抑うつ、不安の測定値が有意に改善したという。

さらに、瞑想について163の研究を分析したメタアナリシス［＊2］（Sedlmeier et al. 2012）でも**瞑想は不安やストレスの低減、ポジティブ感情、幸福度の上昇などに効果が大きい**と分析されている。

瞑想と聞くとハードルが高く感じるかもしれないが、初心者は自分の呼吸に集中することから始めればいい。1日5分間、自分の呼吸だけにすべての意識を集中する。意識が呼吸からそれて雑念が浮かんだら、それをゆっくり手放すようにしてまた呼吸に意識を戻していく。これだけだ。呼吸は究極の「今、ここ」なので、そこに集中すれば、過去の後悔や未来の不安から解放されて自由になれる。ちなみに、俺は以前から筋トレやランニングをしている時は半強制的に「今、ここ」に集中せざるを得ないので瞑想に近い効果が期待できると主張している。が、筋トレやランニングそのものに瞑想的効果があるというドンピシャなエビデンスは俺の知る限りではまだ見つかっていない。だが、恐らくそれも時間の問題だろう。なんてったって、**筋トレは最強のソリューション**であるのだから［＊編］。

＊1……「注意を向ける」エクササイズであるマインドフルネスも含む
＊2……複数の研究結果を統合して分析する手法。最もエビデンスレベルが高い
＊編……著者の独断と偏見に満ちあふれた個人的意見です

2カ月後の旅行を予約し、前払いする

やること
①北海道、沖縄、熱海……行きたいところをリストアップする
②エク○ペディアや楽○トラベルで予約する
③クレジットカードでお金も払ってしまう

旅行はいいぞ。知らない土地に行けば視野が広がるし、旅先でしか出会えない人や作れない関係性があるし、旅が終わった後も思い返すだけで幸せな気持ちになれるし、感動したりリラックスしたりすることでクリエイティビティも増すし、まあゴチャゴチャと理由を並べたけどシンプルにめちゃ楽しいし、旅行は本当にいいぞ。

旅行そのものより「計画すること」が幸福度を上げる

遠足や旅行が楽しみ過ぎて寝られない、という経験は誰もがしたことがあるだろう。事実、「未来に楽しみが待っている」という状況を積極的に作ることは、現在の幸福度を上げる意味でとても有効だ。

1530人のオランダ人を対象に行われた調査（Nawijn et al. 2010）によると、**旅行中、つまり旅行そのものによって上昇した幸福度は、旅行終了後に長くても2週間で消失してしまったのに対し、旅行前の幸福度の上昇は最大で8週間も持続した**のだという。つまり、旅行による幸福度の上昇の大部分は、旅行の最中ではなく、ワクワクしながら旅行の計画を立て、それを楽しみに日々を過ごすことから生まれると言える。今すぐ2カ月後の旅行を計画し、料金の払い込みも済ませることで、8週間にわたり幸福感がアップする効果が期待できるのだ。

「先払いをする」というところもポイントだ。人間はお金を払うことに苦痛を感じるからだ。神経経済学者の発見（Knutson et al. 2007）によれば、**つま先をぶつけて痛みが起こることを予測する時に活性化される脳領域が、高い価格を見せられた時にも活性化される**ことがわかっている。お金を使うことは文字通り「痛い」のだ。せっかくの幸せな旅行中に支払いの痛みが発生すると、幸福感が半減してしまう恐れがある。そこで先払いである。先にお金を支払ってしまえば、実際に旅行に行く際はあたかも無料かのような気持ちで楽しめるはずだ。

また、南カリフォルニア大学で行われた研究（Chun 2009）では、**学生たちにテレビゲームをプレーする前に1分間、そのゲームがどれぐらい楽しいかを想像してもらうと、よりゲームを楽しめることがわかった**という。「未来の楽しみなイベントに期待すること」は、イベントそのものをより楽しくする効果があることが推察される。旅行を予約し、それを楽しみにすることでさらに旅行が充実したものになるのだ。

この考えを応用すると、「8週間後にデートの予定を入れる」のも有効だ。デート当日までのドキドキワクワクがあなたの幸福度を最大8週間も上げてくれるだろう。俺も早速デートの予定を入れようと思ったんだけど、**誘える人がいないことに気付いて痛みが発生している。**つま先をぶつけた時に活性化される脳領域がものすごい勢いで活性化している。もぅマヂ無理。。。旅行予約しょ。。。

最高の瞬間を、中断する

やること
①大好きな活動をしている時は休憩を入れる
②嫌なことをしている時は一気に片づける

節制は幸せを倍増する。3日間絶食した後に食べるコンビニ弁当が与えてくれる幸福感はどんな高級レストランでの食事よりも大きい。贅沢ばかりすると幸せ感受性が鈍る。本来ならものすごく幸せなことも毎日続けると当たり前になってしまう。節制をうまく利用して幸せ感受性を高めろ。贅沢はたまにだからいいのだ。

喜びを最大化し、苦痛を最小化する意外な方法

A　痛みを伴うリハビリを45分間

B　気持ちの良いマッサージを45分間

途中で休憩を入れたいと思うのはどちらだろうか。ほとんどの人が痛いリハビリは休み休みやりたいし、マッサージは中断せずに受け続けたいと思ったのではないか。だが、人間の脳の特性を考えると、その判断は賢明でない可能性が高い。

様々な種類の体験への人間の適応について調べた研究（Nelson et al. 2008）を見てみよう。一つ目の実験では、140人の大学生に掃除機のノイズ音を聞かせ、ネガティブな経験への適応について調べた。大学生たちは

①　5秒間ノイズを聞く

②　40秒間ノイズを聞く

③　40秒間ノイズを聞き、5秒休憩した後、再び5秒間ノイズを聞く

という3つのグループに分けられた。実験後、「最後の5秒間の刺激」についての評価を尋ねたところ、**最も不快感が強かったと答えたのは①のグループで、次に③、②の順番だった。**不快な音にさらされた時間が一番短いはずの①がなぜ最も強い不快感を訴え

たのか。研究者たちは、ネガティブな体験に適応した②に対し、①は適応する時間がなく、③は5秒間の休憩によって適応のプロセスが乱されたからではないか、と分析している。一方、ポジティブな経験への適応を調べた二つ目の実験では、49人の大学生が

①　3分間続けてマッサージを受ける

②　80秒間マッサージを受け、20秒間休憩し、再び80秒間マッサージを受ける

という2つのグループに分けられ、マッサージチェアを使った調査に臨んだ。実験後に体験全体を評価してもらったところ、**②のグループのほうがマッサージを楽しみ「体験を繰り返すためにいくら払うか」という質問に対しても①のグループに比べ約2倍の金額を提示した**という。最初の実験とは逆に、20秒間の休憩により適応が途切れ、マッサージという快適な体験に慣れてしまうことなく、より新鮮に楽しむことができたのだ。

中断は適応を防ぐため、ポジティブな経験の満足度を高め、ネガティブな経験への不満を増幅する。つまり、大好きな体験は適度に休憩を入れながら楽しみ、嫌なことは中断せずに一気にこなしてしまうのがいいだろう。俺はこの脳の特性を知っているので、大好物のケーキを食べる時は半分食べたところで休憩を挟もうとするんだけど、**成功した試しがない**（我慢できなくて食べちゃう）。

スマホ断捨離をする

①スマホに触る時間を意識的に減らす
②どうしても触ってしまう場合は、スマホを物理的に遠ざけたり、機能制限をかけたりと工夫する

夜寝る前の2時間はスマホの電源オフにして外界を完全にシャットアウトするの、リラックス効果と睡眠改善効果がハンパじゃないからマジでおすすめ。現代人はスマホを通して社会とつながり過ぎ。四六時中社会とつながってたら心が安らぐ暇なくて疲れちゃうよ。ビックリするぐらい生活の質が上がるので是非！

スマホは集中力と幸福を同時に奪う

スマホは手ごわい。世界で最も優秀な人々が集まるＩＴ企業が、人間の行動を司るドーパミン回路について研究し、あなたの視線をスマホの画面に向けさせようとこぞって努力しているのだから抗うのは至難の業だ。だが、みんな薄々気づいているように、長時間に及ぶスマホ使用はあなたを幸せにはしてくれない。

米国の中高生１１０万人を対象とした調査データの分析（Twenge et al. 2018）を見てみよう。この研究ではスマホやタブレットなどのデジタル機器の利用時間に加え、「対面での人的交流」「スポーツを楽しむ」「行事に参加する」といった「非デジタル」の活動時間を集計。自尊心や生活満足度、幸福度との関連を調べた。すると、**スマホなどのデジタル機器の利用時間が長くなるほど、また「非デジタル」の活動時間が短くなるほど幸福度は低くなることがわかった。そして最も幸福度が高かったのはデジタル機器の利用時間が1日当たり1時間未満の中高生だった**そうだ。当然だが、スマホの使用時間が長くなるほど、実際に人と交流したり、イベントを楽しんだりする機会が減り、結果として幸福度が下がってしまうのだろう。

さらに、幸福度を上げてくれるはずの人との交流においても、スマホは悪影響をもたらすという見方がある。スマホの存在がコミュニケーションに与える影響を調べた研究（Ryan et al. 2018）を見てほしい。この研究では地域住民や学生３０４人を「テーブルにスマホを置いたまま食事する」「スマホをサイレントモードにし、しまった状態で食事する」という２つのグループに分け、家族や友人３～５人と食事をしてもらった。すると、**スマホを置いたまま食事をしたグループはスマホをしまったグループと比べ「食事を楽しんだかどうか」を評価するスコアが低かった**という。スマホは存在しているだけで人との交流の質を下げてしまう可能性があるのだ。スマホの集中力を奪う力は相当なもので、スマホの置き場所を①机の上②カバン（ポケット）の中③別の部屋――に分けて認知テストを受けてもらった実験（Adrian et al. 2017）では、**机の上にスマホを置いていたグループの成績が明らかに悪く、スマホが参加者から遠ざかるほど成績が上昇した上、電源が入っているかどうかは関係がなかった**という。集中力が奪われるということは、幸せ感受性と生産性が下がってしまうことを意味する。だから俺は筋トレ中はスマホをロッカーに預けてしまうし、寝室にスマホを持ち込むこともしない。そして、この作戦を実行することによってこれまでいかなる問題も発生していない。**基本的に誰からも何の連絡もない**からだ。**フハハハハハ**……グスン。

チャレンジングだが、達成可能なゴールを設定する

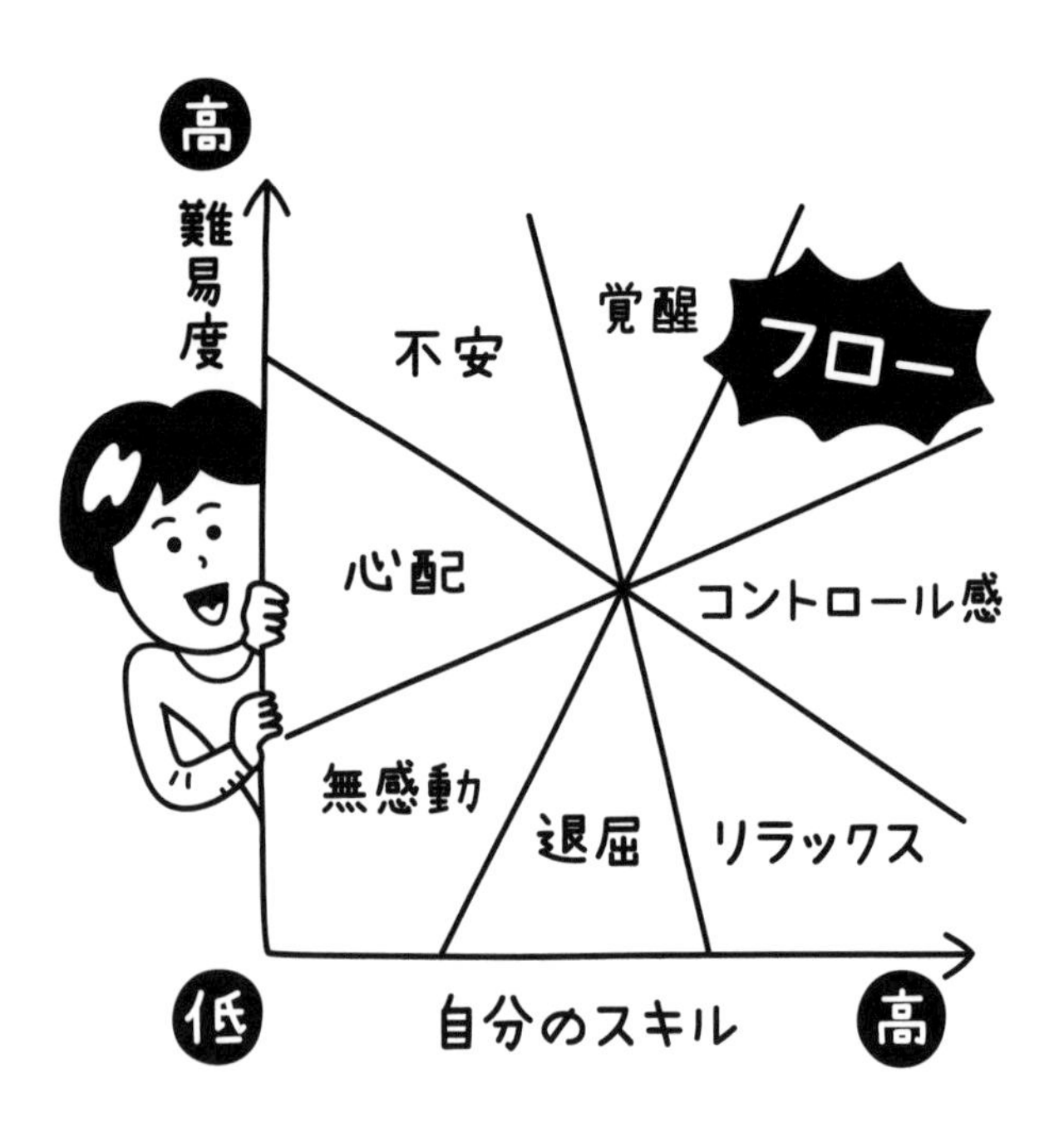

やること
①頑張ればギリギリ達成できそうな目標を立てる（良い例：1カ月で2kg痩せる　悪い例：1カ月で15kg痩せる）
②①を繰り返し設定し、確実に達成していく

目標ってのは高過ぎても低過ぎてもダメだ。高過ぎる目標はやる気を削ぐし具体的に何をすればいいかも見えてこない。低過ぎる目標では成長しないし達成感も得られない。狙うは「本気出せばギリいけるかな」ぐらいの目標設定。TOEIC400点台の人がいきなり満点目指さないでしょ？

限界を突破してフロー状態を体験せよ

心理学界の重鎮ミハイ・チクセントミハイ教授が提唱した「フロー」という概念がある。どれぐらい重鎮かというと、人の名前を覚えられない俺がこのわかりにくい名前を覚えちゃったぐらいである（笑）。ハンガリー出身のチクセントミハイ教授の研究はあまりに有名で、幸福やポジティブ心理学に関するありとあらゆる本で引用されまくっているのだ。そんな引っ張りだこの超有名教授が提唱したフローとは、「人が何かに完全に没頭し、現在のことに心から熱中している」精神状態を指し、日本では「ゾーンに入る」という表現が使われることも多い。チクセントミハイ教授によると、人は時間を忘れて何かに没入する状態になることによって、永続的な満足感を得られるという。そのフローを作り出す重要なカギの一つとして挙げられているのが**「適切な難易度の課題を設定すること」**だ。スキルが低いのに課題の難易度が高すぎれば不安や心配に襲われるし、逆に自分のスキルに対して課題が簡単過ぎれば能力を持て余して退屈してしまう。チャレンジングだが、達成可能なゴールを設定することで、人は最大の力を発揮することができ、幸福度も高まるのだ。

スイスのバーゼル大学で行われた目標達成と幸福との関連を調べた研究（Buehler et al. 2019）

を見ていこう。この研究では、18歳から92歳の973人に、健康、個人の成長、社会的関係、名声、仕事など10の分野について目標をリストアップしてもらった上で、目標の重要性、目標の達成可能性、幸福度の3つの観点について、測定開始時、2年後、4年後の三度調査を行った（目標の重要性については「あなたにとってどれぐらい重要ですか」、目標の達成可能性については「これがあなたの将来に起こる可能性はどのくらいありますか？」という質問への回答を4段階で評価してもらって測定した）。すると、**被験者の年齢にかかわらず、ある時点での目標の達成可能性が高い人はその後の調査時の生活満足度が高いという傾向があった一方で、目標の重要性においてはそうした関連は小さかった**という。大それた目標でなくても、現実的で達成可能な目標を達成していくことが幸福度を上げる可能性があると言えそうだ。

例えば、ベンチプレスのMaxが30kgの人がいきなり100kgを挙げようとするのはただの無謀だが、30kgから40、50と記録を伸ばしてきた人が60kgに初めて挑戦する時、強い集中が生まれ「フロー」を体験できる可能性が高まる。仕事でも勉強でも人間関係でも、自分の実力よりも少しだけ上の目標を設定して限界を突破していくことで、より充実した幸せな人生が歩めるはずだ。**ゾーンに入れ！**

「時間」を買う

やること

①自分が時間をとられていること（掃除、洗濯、料理、皿洗いなど）をリストアップする
②①がテクノロジーや新しいサービスによって解決できないか調べる
③カネで解決できる時間浪費は可能な限りすべて豪快にカネで解決する

お金は主に時間を買うことに使え。家事代行、食洗機、乾燥機、自動掃除機、何でもいい。時間を短縮できるサービス、モノに金を使おう。時間を買ってその時間を睡眠や運動、趣味や勉強に使え。買った時間を自分に投資していけば人生は豊かになる。贅沢し出すとキリがない上に自分は成長しないからやめとけ。

幸せなのは「お金持ち」より「時間持ち」

我々は時間がこの世で最も貴重な資源であることを忘れ、時間より金銭を優先してしまうことがよくある。例えば、数十円運賃が安いからと遠回りになる乗り換えをしたり、100円安い商品を買うために、30分かけて隣町のスーパーに行ったりといった具合である。俺にも心当たりがある。学生時代は数千円を節約するためだけに、直行便ではなくトランジット（乗り換え）がある格安航空券を購入して4～5時間余分に時間をかけて移動するなんてことはザラだった。10時間ってのもあった。結局は、空港でお腹が減ってサブウェイ食べたり、暇だからショッピングしたりして**節約した以上のお金を使ってた**んだけど（笑）。さて、学生時代の俺は正しかったのか？　実は「時間」か「お金」か、というテーマに焦点を当てた研究のほとんどが「時間」に軍配を上げている。詳しく見てみよう。

ブリティッシュコロンビア大学の研究（Whillans et al. 2016）では、卒業間近の学生1000人以上を対象に、「ティナはより多くの時間を確保できるなら収入を犠牲にする」「マギーは短時間勤務で収入が低くなるより、長時間勤務で収入が多いほうを選ぶ」というように人物像を提示し、誰が自分に近いかを答えてもらう方式で、普段、時間とお金のどちらを優先するかを質問した。卒業後2年以内に追跡調査をしたところ、**時間を重視した学生のほうが、収入を重視した学生よりも幸福感が高く、人生やキャリアに対する満足度も高かった**という。トルコで管理職や専門職に就いている800人以上を対象にしたヨーク大学の調査（Burke et al. 2009）では、**「1日の時間は十分ではない」や「私の人生はあわただし過ぎる」という言葉に同意した労働者は、自分の仕事に満足していないだけでなく、人生全体にもあまり満足していないと答えた**という。さらに、数千人のアメリカ人を対象に「時間とお金のどちらを優先するか」を質問した研究（Hershfield et al. 2016）では、**「69％の人が時間よりお金を重視している」と答えたが、「時間を優先する」と答えた残り31％の人々のほうがより幸福だった**という結果も出ている。幸福度を考えれば「時間」の圧勝にもかかわらず、「お金」を優先してしまっている人が多いことがわかる。

時間をお金より優先することは、時間をお金で買うことである程度実現できる。掃除機をかけるのに時間を取られているならルンバを買えばいいし、無理して自炊せずに時短のためにテイクアウトしたりコンビニで買っちゃったりしてもいい。もちろんお金も大切だからバランスが大事なんだけど、できる範囲で可処分時間を増やす挑戦をしてみてほしい。幸福度を上げるために「お金持ち」ならぬ「時間持ち」になっちゃおう！

テレビを見る時間を減らす

やること
①自宅からテレビを撤去する
②セカンドステップはない！　①をやったらおしまい！

テレビやスマホゲームで息抜きすることも大切だけど、自由に使える時間の7～8割は勉強／読書／運動といった自分を向上させるアクティビティや、家族や友人と時間を過ごす／自然と触れ合う／十分な睡眠をとるといった自分を幸せにするアクティビティに使うことを強くおすすめしたい。幸福は快楽とやりがいで構成されている。快楽ばかり追い求めていると幸せは遠のいていくばかりだよ。

テレビは時間&幸福泥棒！ ほどほどにしよう

「テレビをたくさん見れば幸せになれる」という主張を目にしたら、多くの人は直感でそれは間違いではないか？　と感じるだろう。その直感を裏付けるように、テレビは時間泥棒であり、幸福泥棒だという研究が多数発表されている。

ヨーロッパ22カ国の4万2000人を対象とした調査を分析した研究（Bruno et al. 2007）によると、**1日30分未満しかテレビを見ない人はそれ以外の人と比べ、生活満足度が高く、テレビの視聴時間が長くなるほどその差が広がる傾向があった**という。また、**テレビを多く見る人はより物質的な願望を強く持ち、不安のレベルも高く、経済的満足度も低い傾向にあった**そうだ。エンタメのみを追求したコンテンツや、消費者の不安や欲求を刺激して購買に向かわせるために放映されるCMを見ていれば、そうなってしまうのも無理はない。研究者らはテレビの問題点として「自分にとって最適だと考えるよりも長い時間視聴してしまうこと」や「人間関係に関する活動時間が短縮されるため、生活満足度に悪影響を与えること」などを挙げている。そもそもテレビを見ることが一番の趣味だという人はあまりいないのに、みんながテレビにばかり時間を使ってしまうのは、テレビがスマホと同じように最も身近でお手軽な快楽だからである。行動を開始するハードルが低く、継続もラクチン、しかも楽しい。なんと甘い罠であろうか。結果として、人々は自分が望んでいるよりも多くの時間をテレビに奪われてしまう。

15歳以上の約4000人を対象に、生活上の72の活動と感情的な経験（興味がある、ストレスを感じる、喜びなど）の関連について調べた研究（Krueger 2007）によれば、**人はテレビを見ている時よりも料理をしたり、犬を散歩させたり、子どもと遊んだりといったアクティブな活動をしている時のほうがより強い幸福を感じている**という。多くの人はこれを直感的に正しいと感じるはずだ。だが、現実の人々の時間の使い方はどうか。総務省のデータによると、日本人の平日1日当たりの平均テレビ視聴時間は161分となっている（なんてこった！　161分って筋トレして、友達とご飯食べて、ママとパパに何かギフトを買うのに十分な時間だぜ！）。テレビが楽しいことは認めよう。だが、テレビはあなたを幸せにしてくれない。幸福について研究しているロンドン・スクール・オブ・エコノミクスのポール・ドーラン教授は「幸福とは、快楽とやりがいが持続することである」と定義しているが［＊1］、**テレビは一切のやりがいを与えてくれない**からだ。ちなみに、我が家にはテレビがない。

＊1……ドーラン氏の著書『幸せな選択、不幸な選択』（早川書房）はメチャクチャ面白いので必見だ

神頼みはやめて行動する

やること
①幸運が訪れるのを待つのをやめる
②自ら幸運をつかみ取りに行く

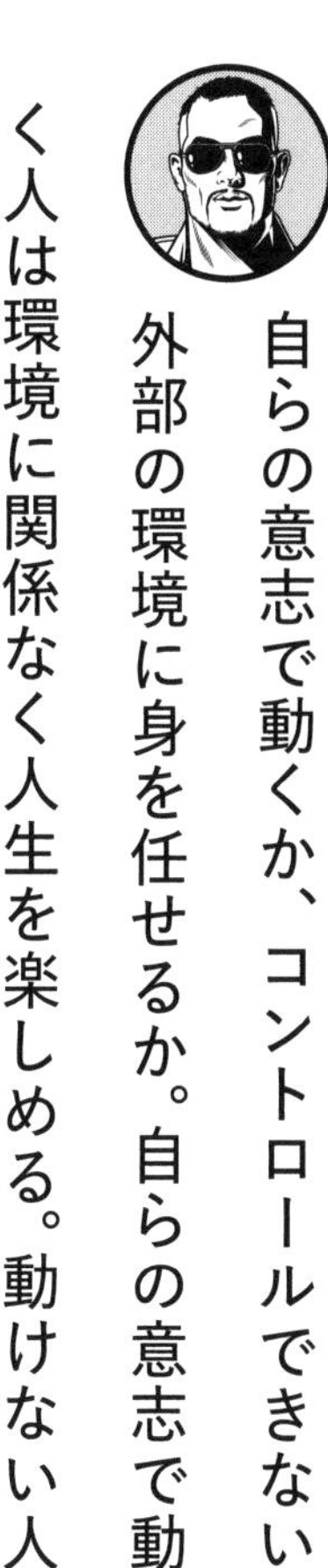

自らの意志で動くか、コントロールできない外部の環境に身を任せるか。自らの意志で動く人は環境に関係なく人生を楽しめる。動けない人は楽しめるも楽しめないも運次第。世界は変えられないが、自分の周りの環境ぐらいなら能動的に動くことでポジティブな変化を及ぼし楽しいものにできる。絶対にできる。動こう。

自ら行動するものだけが持続する幸福を手にする

A　日当たりの良いアパートに引っ越した
B　英会話教室に通い始めた

2つの違いがわかるだろうか。Aはポジティブな意味での「環境」の変化であり、Bは自分の「行動」の変化であることに注目してほしい。こうした変化はどちらも幸福度の向上をもたらすが、その効果がより長く続くのは「行動」を変えた場合だという研究結果が出ている。環境変化と行動変化が幸福度に与える影響について調べたミズーリ大学などの研究(Sheldon et al. 2006)を見ていこう。この研究では669人の大学生にアンケートを行い「ポジティブな環境の変化を経験したグループ(環境変化)」と「前向きな新しい目標を立てたり、重要な活動の変化があったりしたグループ(行動変化)」に分けた。その上で学期の初め、6週間後、12週間後の3つの時点で幸福度を測定し、その変化を調べた。ちなみに環境変化のグループには「コカイン中毒だったルームメイトがいなくなった」「無理だと思っていた奨学金を受け取った」、行動変化のグループには「週に4、5回ウエイトリフティングを始めた」「1日5時間勉強するという目標を設定した」といった回答をした学生がいたそうだ。結果を見ると、**6週間後の時点では環境変化グルー**

プも行動変化グループも幸福度が向上していたが、12週間後もその効果が続いていたのは行動変化グループだけだったという。研究者らは行動の変化は「自分で始めること」と「継続的な努力」が必要なのに対し、環境変化はより偶発的であり、1回限りの変更であることが多いため「環境の変化には適応が起きやすいからではないか」と分析している。**Testosteroneら**は、「環境変化なんて運だけど、行動の変化を起こせる奴らは自らの意志で何度だってそれを起こせるし、人生を運任せにしない人種なんだから幸せで当然じゃん」と分析している。さらに、148件の研究から4万2000人以上のアンケート回答者を抽出し、主観的幸福度と性格的な特徴との関連を調べたメタアナリシス（DeNeve et al. 1998）によると、**新しい経験に進んで挑戦するタイプの人は、生活満足度が高く、ポジティブな感情を多く経験している傾向がある**という。

これらの研究を見ていると、日本を代表する伝説の経営者江副浩正氏によって作られたリクルートの旧・社訓

自ら機会を創り出し、機会によって自らを変えよ

を思い出さずにはいられない。最後に俺からみんなにも人生訓を一つ。

自ら筋肉を創り出し、筋肉によって自らを変えよ

第1章
脳のクセを攻略(ハック)する

著者の一言

①「モノ」ではなく「経験」を買う
バンジージャンプでもスカイダイビングでもとりあえず1回はやっておくタイプの人間です！

②お金に執着するのをやめる
未熟者なのでお金は好きですし、このエビデンスほんまなん？　って思ってます！

③1日5分、呼吸に集中する
筋トレする時に「今、ここ」に集中しているのでマインドフルネス的なことはやってません！　筋トレする余裕のない人とかはメチャクチャ良いと思います！

④2カ月後の旅行を予約し、前払いする
コロナ禍が終わったらスグに彼女と旅行に行く計画を立てよう！　と思ったら彼女いないのでもうこれ以上何も言うことはありません。

⑤最高の瞬間を、中断する
ついさっき「ティラミスを食べる幸福」を最大化しようとしたんですけどおいし過ぎて中断できませんでした！　最高の瞬間を中断するの、ムズイ！

⑥スマホ断捨離をする
僕は仕事が終わったらスマホを別の部屋に隔離してます！　それぐらいしないと触っちゃうので！　寝る前は特に！

⑦チャレンジングだが、達成可能なゴールを設定する
昨日より500gでも重いものを持ち上げることを目標に毎日筋トレしているので完璧です！

⑧「時間」を買う
ありとあらゆるものを経済的に許す範囲で外注して暮らしています！

⑨テレビを見る時間を減らす
我が家にテレビはありません！

⑩神頼みはやめて行動する
本屋さんで同じ本を取ろうとして手が触れ合う出会いを待つのはやめて行動します！

第2章

ポジティブな面に注目する

「出る前に負けること
考える馬鹿いるかよ」
—— アントニオ猪木
（プロレスラー。試合前の控室にて負ける可能性を問われて）

「明日起きそうな良いこと」を2分間想像する

やること
①お布団に飛び込む
②「明日起きそうな、ちょっと良いこと」（例：前から行ってみたかったラーメン屋に行く、朝の電車で座れる、など）を2分間想像する
③この習慣を2週間ほど続けてみる

人間の脳は弁当箱。スペースに限りがある。ネガティブ思考って弁当箱に嫌いなおかずばかり詰め込む行為だぜ。そりゃテンション下がるよ。ネガティブなこと考えてたらポジティブなこと考えるスペースがなくなっちまう。悲観するな楽観しろ。絶望するな希望を持て。心配するな期待しろ。明るく楽しくいこう。

ポジティブな「メンタルタイムトラベル」に出かけよう

油断するとついついネガティブなことを考えてしまう、という人は多いだろう。真面目で責任感が強い人ほど、あれこれ心配して、最悪の未来を想像してしまう傾向がある。もったいない。本当にもったいない。未来がどうなるかなんて誰にもわからないのだから、ネガティブな想像に人生の貴重な時間と脳のリソースを使い、落ち込んでしまうのは本当に損だ。ついついネガティブな未来を想像してしまうあなたには、意識的にポジティブな未来を想像するエクササイズをおすすめしたい。

ここではベルギーのリエージュ大学で行われた実験（Quoidbach et al. 2009）を紹介しよう。この研究では、ベルギー在住の成人たちに2週間、毎晩数分間、翌日起こるかもしれない良いことをいくつか想像してもらった。「良いこと」というのは本当に些細（ささい）なことで、例えば「昔の恋人からメールをもらう」（これが良いことかどうかは人によるが）とか「カフェでフライドポテトを食べる」といったことだ。比較対象となるグループには「良くも悪くもない（中立的な）出来事」「ネガティブな出来事」を想像してもらう。**2週間そうした空想を続けたところ、ポジティブなことを想像したグループの幸福感が顕著に増した**という。寝る前の数分間、ついニヤニヤしてしまいそうな良いことを想像するだけで、実際に何が起こったかとは関係なく、幸せになれるのだ。人間の脳は複雑なんだか単純なんだかよくわからない（笑）。

こんな風に心の中で時間旅行に出かけることを「メンタルタイムトラベル」という。もちろん過去にも行けるのだが、未来を想像することのほうがより効果的だという。**過去に起きた出来事よりも、未来に起きそうな同様の出来事のほうが人に大きなインパクトを与える**という研究（Caruso et al. 2008）もあるからだ。逆に言えば、未来に起きそうな悪い出来事を想像することは、現在のあなたに大きな悪影響を及ぼす可能性があるので注意が必要だろう。せっかくだから、未来の楽しいことを考えて生きていこうぜ。ところで、俺は「気になるあの子からLINEで返信がくる」というメンタルタイムトラベルをやっているんだけど、**かれこれ半年間ほど未読無視**の状態で硬直していて夜寝る前と朝に最悪の気分になっている。第二のTestosteroneにならないよう、みんなは慎重にメンタルタイムトラベルの題材選びを行ってくれ。ウゥ……（泣く）。

毎週日曜日の夜に感謝すべきことを5つ書き出す

やること

①ノートを買う！
②"感謝ノート"とどでかく書く！
③毎週の決まった曜日に、自分が感謝していることを5つ書き出す！（スマホのメモとかでもOK）
④毎週の内容が被ってしまっても気にせず書き出す！

足りないものより持ってるものに集中しよう。自分がいかに恵まれてるか気付ける。感謝をしよう。自分がいかに幸せか気付ける。足りないものを探したらキリがないので一生満足できない。今ある幸せに感謝せずないがしろにしていたらいつかあなたはその幸せすらも失う。足るを知る。感謝をする。超大切です。

「感謝の達人」＝「幸福の達人」

人間は油断するとすぐに「感謝すること」を忘れてしまう。感謝とは自分の人生のポジティブな部分に着目することであり、自分がいかに恵まれているかを認識する唯一の方法である。感謝できない人は自分の人生のネガティブな部分にばかり着目してしまい幸せになれない。そこで、忘れてしまいがちな感謝の気持ちを定期的に呼び起こし、幸福度を高めるエクササイズを紹介したい。それは「感謝日記」をつけることだ。具体的には週に1回、「今週、私が感謝していることは……」という文章に続けて感謝すべきことを5つ書き出す。感謝の対象はなんでもいい。体に不調がないこと、友達が電話をかけてきてくれたこと、仕事にやりがいを感じられたこと……どんな小さなことでもいいからとにかく対象を見つけて感謝するのだ。同じ感謝の対象が毎週繰り返し出てきてもいい。

カリフォルニア大学などでの研究（Emmons et al. 2003）では、無作為に抽出した参加者に10週間にわたり週に一度、「感謝していること」について書いてもらい、2つの比較対象グループには「その日起こった面倒な問題」「その週に自分に影響を与えた出来事」についてそれぞれ書いてもらった。すると、**感謝を表すことを求められた参加者は比較対象グ**

ループに比べ、人生についてよりポジティブになり、満足度が高まったという。

「感謝について記すのは週に1回」程度がスイートスポットであることを示唆する研究もある。6週間にわたって行われた実験で、参加者の半分は週に1回（日曜日の夜）、残りの半分は週に3回、この「感謝日記」をつけるように指示をされた。すると、**比較対象グループ（何もしなかった人たち）と比べて幸福度が高くなったのは毎週日曜の夜に日記を書いたグループだけで、週に3回書いたグループは大きな効果を得られなかった**という。理由について研究者は「週に3回、感謝を表現した人たちはそれが面倒な作業に感じ、だんだん退屈になったのだろう」と記している。何事もやり過ぎはよくないようだ。確かに、週3回しか筋トレしていなかった時のほうが、週6回筋トレしている今よりも、1回1回の筋トレが楽しみで仕方がなかった気がする。**これを機に3回に戻そうか？**　否！　週6回筋トレをしないと気が済まないので絶対に戻さない！（何の話）

もしも●●がなかったら？
と想像し、
紙に書き出す

やること
①自分が持っている「大切なもの」（家族や友人、仕事、趣味など）を思い浮かべる
②「もしそれがなかったら？」と想像して、その気持ちをノートに書き出してみる
③幸福感が薄れてくるたびに何度も行う

幸福感が一瞬で高まるエクササイズを紹介するね。「もし私の人生に●●がなかったら」と考えてみて。●●の中には家族や友人、趣味や健康等、あなたの大切なものを入れる。これをやると自分がいかに恵まれているか再認識できて幸福感が増すよ。ないものねだりをやめて、今あるものに感謝すれば幸せになれる。

「ネガティブビジュアライゼーション」を活用しよう

まず自分が持っている大切なものに着目した後、「もしそれがなかったとしたら?」と考えてみるエクササイズを「ネガティブビジュアライゼーション」という。

ヴァージニア大学などで行われた実験（Koo et al. 2008）を見ていこう。この実験では恋愛中のカップルに対し、「もし今付き合っているパートナーに出会えていなかったら?」と想像してもらった上で、「今の気持ち」を15分間書き出すよう指示。比較対象となるグループには現在の恋人との出会いの思い出を書いてもらった。恋人たちにとって、大好きなパートナーに出会えていなかったら、とネガティブな想像をすることは一見気分が良くないことのように思える。対照的に、恋人との出会いは楽しく幸せな思い出であることがほとんどなので、普通に考えれば後者のグループの幸福度のほうが上がりそうだ。だが、**実際は「もしもこの出会いがなかったら?」と想像したグループのほうが、有意に幸福度が上がった**という。もしこの人に出会えていなかったら、と考えたことで、相手の尊さを再確認し、現在の幸せをより強くかみしめることができたのだろう。気持ちはわかる。**まあ、彼女はいないんだけど……**（幸福度が有意にdown）。

イェール大学の4年生を対象に行われた実験（Kurtz 2008）も示唆に富んでいる。この実験では、学生たちに2週にわたり週2回10分間、大学生活の思い出について書いてもらった。その際、一方のグループには「卒業まで、もうあと1200時間しか残されていない（卒業まで少ししか時間がない）」と考えるよう指示し、もう一つのグループには「卒業まで、まだ1年の4分の1も残っている（卒業まで十分に時間がある）」と考えるよう促した。すると、**卒業まであと少ししか時間がない、と意識づけられた学生のほうが、大学関連の活動をする時間が増加し、主観的な幸福度も大幅に高まった**という。

ネガティブビジュアライゼーションも「今ある日常はもうすぐ終わってしまう」と考えることも、「今持っているもの」や「何気なく過ごしている日常」が、実は当たり前のものではなく、感謝して大切にすべき対象だということを確認する行為だと言える。

人間はどうしても自分にないもの、持っていないものに関心が向いてしまう生き物だ。その分、自分が持っているものの価値を不当に低く見積もってしまう。

家族、健康、友人、仕事、趣味、ダンベル、恋人、筋肉、あなたが持っているかけがえのないものはたくさんあるはずだ。すでに手にしている大切なものを正当に評価し、自分は十分に幸せであることに気付こう。

常に笑顔でいる

やること ①タイトルのまんま！　いつもニコニコ笑顔でいよう！

いつもニコニコしてろ。笑顔でいるだけで運気が上がる。いつもご機嫌な人はパワースポットみたいなもんだ。いろんな人が集まってくる。ご機嫌な人って見てるだけで、一緒にいるだけで心地よいだろ？　人が集まれば面白い話も集まるし困った時は助けてもらえる。それに、笑顔でいると脳が勘違いを起こして本当に幸せな気持ちになってくる。良いことだらけだ。キープスマイリング！

「本物の笑顔」で過ごす時間を増やそう

「デュシェンヌ・スマイル」という言葉をご存じだろうか。フランスの精神科医デュシェンヌさんが発見した「本物の笑顔」と呼ばれる表情のことで、口角が上がっていて、目の端にカラスの足跡のようなシワができる表情のことを指す。そして、この表情をよくする人は幸福度が高いという研究があるのだそうだ。

まず、ポジティブな表情と人生の関連を調べた研究（Keltner et al. 2001）を見ていこう。この研究では女子大学生の卒業アルバムの写真141人分を使用し、目の周りの筋肉が収縮する度合いで「デュシェンヌ・スマイル度」を評価。27歳、43歳、52歳の時点で追跡調査を行い、どのような人生を送っているのかを結びつけて分析した。その結果、**「デュシェンヌ・スマイル度」が高い女性は、結婚をしている可能性が高く、結婚生活への満足度も高い傾向があり、心身ともに健康である傾向も強かった。そして21歳（調査開始時）、27歳、43歳、52歳のいずれの時点でもそうでない人より幸福度が高かった**という。

この研究では、元々の外見的魅力の要素を調整しているため、研究者らは「純粋に表情によってその後の人生の幸福感や満足感が予測できる」と結論づけている。1950年代に始まった長期に及ぶ有名な研究であるが故に紹介はしたが、「女性だけを対象に」「結婚を主な幸せの指標として測定している」という点で現代の価値観からは大きなズレがあり、俺はこの研究があまり好きではないということは付け加えておきたい。

では気を取り直して、笑顔と寿命の関係について調べた研究（Abel et al. 2010）を見てみよう。この研究では１９５２年に選手登録されていたメジャーリーガー２２４人の選手名鑑を入手。その顔写真を①笑顔でない②軽いほほ笑み③満面の笑み――の３つに分類し、各選手の余命を調べた。すると、**生まれ年、活躍した年数、婚姻状態や肥満度といった他の要因を考慮した後でも、それぞれのタイプの選手の平均寿命は①72・9歳②74・9歳③79・9歳と、最大7歳もの差が生まれたという。**

もちろん結婚すれば幸せとか、長生きすれば幸せとは一概に言えない。だが、笑顔でポジティブな感情を表現できる人は社会的関係に恵まれ、結果として健康や幸せを手にする可能性が高いということは言えそうだ。最後に皆さんに一つの問いを置いていく。

人は幸せだから笑顔になるのか？　それとも、笑顔だから幸せになるのか？

By Testosterone

→隙あらば哲学者ぶる

ネガティブな言葉を使わない

やること
①ネガティブな言葉を使わないと決める
②ナポレオンになったつもりで、「私の辞書にネガティブな言葉はない」と言ってみる（オプショナルではあるが強く推奨）（楽しい気分になれます）

悪口、批判、愚痴でストレス解消できると思ったら大間違いだ。物事のネガティブな面に着目する癖がつき世界を批判的な目で見るようになり、口を開けばネガティブ発言しか出ない君から周囲の人は離れていき、自分に嫌気がさしてまた毒を吐いてしまう最悪のサイクルに陥る。悪口、批判、愚痴はほどほどに。

ネガティブ発言はあなたの幸福を削り取る

悪口を言う。批判ばかりする。愚痴を吐く。こういった悪い習慣を捨てるだけで人生は良い方向に転じる。負の感情を持つなとは言わないが、常にネガティブ発言をすることは人生を悪い方向に導くのでおすすめしない。ネガティブに考え、物事の悪い部分ばかりを見ることの弊害は、研究でも裏付けられている。

東フィンランド大学の研究（Neuvonen et al. 2014）では、フィンランドに住む65〜79歳の2293人を10年ほど追跡調査し、世間や他人に対する皮肉な態度や批判度の高さを示す「シニカル度」と認知症の関係について調べた。シニカル度は「多くの人は出世のために嘘をつく可能性がある」「誰も信じないほうが安全だ」といった文章にどの程度同意できるかといった尺度で判定した。すると、**シニカル度によって3つに分けたグループのうち、最もシニカル度が高いグループは最も低いグループの人と比べ、血圧や血糖値が高い上、認知症のリスクが3倍、死亡率が1・4倍も高い**という結果が出たそうだ。自分以外は敵とみなすような態度は心身の健康を害する可能性があるのだ。心身の健康と幸福度は密接にリンクしているので、シニカルな態度は意識して控えたいところだ。

もう一つ、主観的幸福とポジティブ／ネガティブな感情との関係を調べたイリノイ大学などの研究（Diener et al. 2009）も見逃せない。この研究では、２１１人の被験者を６～８週間調査し、日々の気分や感情の変化などについて分析したところ、**幸福度とより強く関連しているのはポジティブ感情の強さよりも頻度であり、ポジティブ感情とネガティブ感情の相対的な頻度が幸福度と相関していることが示唆された**という。つまり、喜びや充足感といったポジティブ感情を経験する頻度や持続時間が、怒りや嫉妬といったネガティブ感情を抱く時間や頻度よりも多い人ほど幸福であるというわけだ。研究者らは「私たちが幸福と呼ぶものは『頻繁に経験するポジティブ感情とごくまれに訪れる否定的な感情』という構成になっているようだ」としている。

人間、ネガティブな発言をする時はどうしてもネガティブな感情になってしまう。悪口や批判や愚痴を言っているその瞬間、あなたは自分の幸福を削ってそうしているということを自覚してみてほしい。悪口を言う代わりに人をほめよう。批判をする代わりに建設的な話し合いをしよう。愚痴を吐く代わりに改善策を探そう。こうしてネガティブな行動をポジティブな行動に置き換えていくだけで、あなたは今よりもずっとずっと幸せになれる。保証する。一度きりの人生だ。なるべくポジティブに生きていこうぜ。幸せな人生にしようぜ。

自分の「強み」を使う

やること
①自分の強みをリストアップする
②1日1回、仕事や生活でその強みを使って何かする
③なるべくいろいろなアプローチで実践する

人生でやりたいことがわからない人は「自分の才能をどう使えばより多くの人を幸せにできるか」と考えてみて。人は自分を幸せにしてくれるモノやコトに対してお金を払う。それが君の才能とマッチしたらそれは必ず仕事になる。才能をフルに使って他者を幸せにしてお金が稼げるって最高の人生の形の一つですよ。

強みを生かすことが自分も社会も幸せにする

あなたの一番の強みはなんだろうか。優しいとかリーダーシップがあるといった性格的なものから、数字に強い、語学が堪能といったスキル的なものまで強みにはいろいろな要素がある。その中で、自分のアイデンティティに関わるような根源的で普遍的な強みを「シグネチャーストレングス（その人ならではの強み）」と呼ぶ。そして、人はシグネチャーストレングスを発揮すると、幸福度が高まることがわかっている。

ペンシルバニア大学などが577人の実験協力者を集めて行った研究 (Seligman et al. 2005) によると、**その人の一番の強みを1週間毎日、今まで試したことのない方法で使ってみてもらったところ、比較対象グループ（プラセボ効果［＊1］を排除するため、毎晩、幼いころの記憶について書く、というワークを行った）に比べ、被験者の幸福スコアが有意に高く、抑うつ感も減少した**という。しかもその効果は6カ月も続いたそうだ。人間には「快楽適応」と呼ばれる楽しみに慣れてしまう性質があるため、「今まで試したことのない方法で」強みを発揮することも重要なようだ。例えば、シグネチャーストレングスが「向上心」だった場合、自分の市場価値を上げるために、ある日は最新のビジネストレンドを調べる、ある日はビジネススクールに通い勉強するといったように、毎日違

っともらしいワーク」を混ぜておくことで、プラセボによる効果と本来のワークの効果を見極めようとしている

う方法で強みを使うのが有効だろう。さらに、イスラエルでの１０９５人の労働者を対象にした調査（Lavy et al. 2017）では、**強みを仕事で発揮している人は、そうでない人よりも生産的であり、仕事への満足度も高い**という結果が出ている。

自分の欠点ではなく長所を生かすことはとても重要だ。例えば、俺は超がつくほどの方向音痴なので、絶対にタクシーの運転手にはならない（なれない）。もし俺がカーナビのない時代にタクシーの運転手になっていたら自分もお客様も雇い主も、もうとにかくありとあらゆる関係者を片っ端から不幸にしてしまっていただろう。世の中にはいろいろなタイプの人がいるので、自分が不得意なことはそれが得意な人に任せて自分は自分の得意なことに集中すればいいのだ。分業バンザイ！　自分の強みを見極め、それを毎日の仕事や生活で発揮できるように心掛けよう。そうすればみんなが幸せになれる。

＊1……プラセボ（偽薬）とは有効成分を含まない薬のこと。人間にはたとえ偽薬でも、薬を飲んだという期待感によって効き目が出てしまうという特性がある（この研究では実験に参加しているという高揚感による幸福度の向上が予想できる）。本研究では、効果の見込めるワークに「も

将来の最高の
自分を想像して書き出す

やること
①人生が最高にうまくいっている状態を想像する
②思い浮かんだベストシナリオを20分かけてノートに書き出す
③それを4日間続ける

「意識高過ぎ」とバカにされても気にするな。何を始めるにもまず初めに整えるべきは意識だ。目標を明確に描き、成功を具体的にイメージし、後は逆算で考えて行動に移す。成功する奴は成功する前から成功するって決めてるし成功が見えてんだ。それが他人から見ると「意識高い」状態になる。気にすんな。

「将来の最高の自分」が今のあなたを導いてくれる

紙とノートを使って自分の気持ちや経験を書き出すワークを「ジャーナリング」と呼ぶ。ジャーナリングには様々なテーマと効用があるが、「将来の最高の自分」についてのストーリーを書き出すことも幸福度アップに大きく貢献するようだ。

18歳から42歳までの81人の大学生が、4日間連続で20分間のジャーナリングを行った実験（King 2001）を見ていこう。被験者は①将来の最高の自分についてのストーリーを書く②自分の人生で最もトラウマになっている出来事を書く③その両方（最初の2日間はトラウマについて書き、最後の2日間は将来の最高の自分について書く）④その日の計画について可能な限り詳細に書く（比較対象グループ）――の4つのテーマにランダムに割り振られた。実験の前後に気分の測定を行ったところ、**将来の最高の自分について書いたグループはトラウマについて書いたグループよりも動揺が少なく、幸福度の有意な向上がみられた。**さらに、3週間後までその効果は残っていたそうだ。もちろんトラウマについて書くことにも一定の効果があり、実験から5カ月後には①〜③のグループは比較対象グループに比べて病気が減っていたという。

ちなみに、研究者たちは「将来の最高の自分」を想像して書き出すことで気分が良くなり、幸福度が上がるだけでなく、「自分の最善の未来に焦点を合わせれば、目標を効果的に追求できる可能性がある」とも述べている。これは未来の自分が今の自分をコントロールする「セルフレギュレーション（自己制御）」という考え方に基づいている。最高の自分をイメージすることで目標や優先順位がよりクリアになり、時間管理や学習習慣、食生活といった面で現在の自分にポジティブな影響を及ぼすのだ。簡単に言うとゴールから逆算して今やるべきことを考える、ということであり、仕事、勉強、筋トレ、恋愛すべてに共通する成功法則だ。成功のための行動が現在の幸福にもつながるのだから、こんなにお得なことはない。俺もこの理論は恋愛においてフル活用している。俺は素敵な女性に出会うと脳内ジャーナリングを行い幸せな気持ちになり、それを現実のものとするためにセルフレギュレーションを駆使してゴールから逆算したもはや科学的と言っても過言ではない完璧なアプローチをとり、自分の成功像が具体的にビジュアライズでき、失敗の可能性が5％以下になったと感じられた時にのみ勝負をかけるので、いまだかってうまくいかなかった試しが**ある。メッチャたくさんある。**は？　なんで？　なんでなん？　トラウマジャーナリング書こっと……。

なんでもない「日常」を味わう

やること
①通勤、食事、入浴など何気なくこなしている行動に注目する
②それらを意識的に楽しむ努力をする
③恥じらいを捨てて大胆かつ大げさに全力で楽しむ

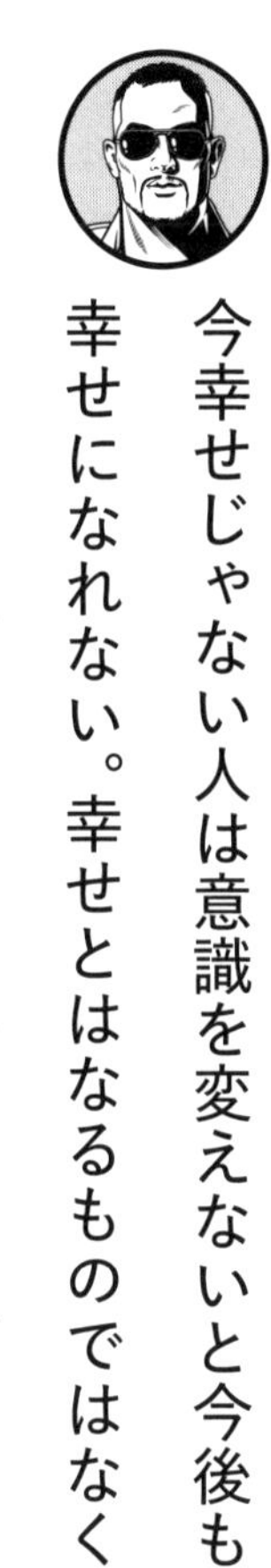

今幸せじゃない人は意識を変えないと今後も幸せになれない。幸せとはなるものではなく気付くものなのだ。幸せとは何気ない日常がいかに幸せなものか気付き、味わい、「自分、そこそこ幸せだな」と感じることから始まる。幸せとは技術なのだ。まずは何気ない日常の中に隠れている小さな幸せを見つける練習から始めてみよう。

「セイバリング」で小さな幸せを味わい尽くそう

幸せになるために特別な出来事は必要ない。そもそも人間はすぐに快楽に慣れてしまうため、宝くじに当たるとか、ずっと欲しかったモノを買うといった「幸せになれそうなイベント」は長期的な幸せにはつながりにくい。宝くじで大金（平均50万ドル）を当てた22人を対象にした調査（Brickman et al. 1978）では、**当選直後こそ幸福度が高かったものの、約1年後にはランダムに選ばれた非当選者と比べて幸福度は変わらなくなっていた**という。

これは悲しむべきニュースなのだが、急に特別なイベントが起こってあなたを幸せにしてくれるなんてことはないのだ。そして、これは喜ぶべきニュースなのだが、どうやら、意識を少し変えるだけで、何も特別なことがなくても、あなたの幸福度を上げることは可能なようだ。

ペンシルバニア大学の研究（Seligman et al. 2006）では、精神的に落ち込んだ被験者に6週間、毎日数分間を費やして、今までは意識することなく急いで終わらせてきたこと（食事をすること、シャワーを浴びること、教室まで歩くことなど）を楽しんでみるように、と指示。その上で「その行動をどんな風にしてこれまでとは違う経験にしたか」「それを急いで済ませた時と比べてどんな気持ちになったか」を書き出してもらった。すると、**定期的に喜びを味わう練習をした参加者たちは生活満足度が大幅に高まり、落ち込むことが少なくなった**という。そして、その効果は1年にわたって続いたそうだ。

研究者たちは、このように体験を味わう行為を「セイバリング」と呼んでいる。セイバリングは喜びを認識し、持続させようとする試みであり、喜びに慣れてしまうことを防ぐ働きがあると考えられている。例えば、ケーキを黙って食べるのではなく、「なんておいしいケーキなんだ……。これを食べられる自分は幸せだ！」と**叫びながら**（もちろん心の中で思ってもいい）食べる行為はセイバリングの一種であり、これをすることによってケーキを食べるという行為から得られる幸福感は増す。日常には、セイバリングの対象となるものがあふれている。朝のコーヒーやトースト、会社に行く途中で見かける美しい花、同僚やクライアントとの何気ない会話。すべてがセイバリングの対象だ。幸せになるチャンスは日常にあふれかえっているのだ。日々の生活に幸せを見出せればあなたの幸福度は一気に増す。幸せとはなるものではなく気付くものであり、そういった意味では、**幸せとは技術**なのである。

幸福な思い出を追体験する

①最高の思い出を一つ思い出す
②その時の気分や行動をできるだけ詳細に思い出す
③その状態を10分間キープする

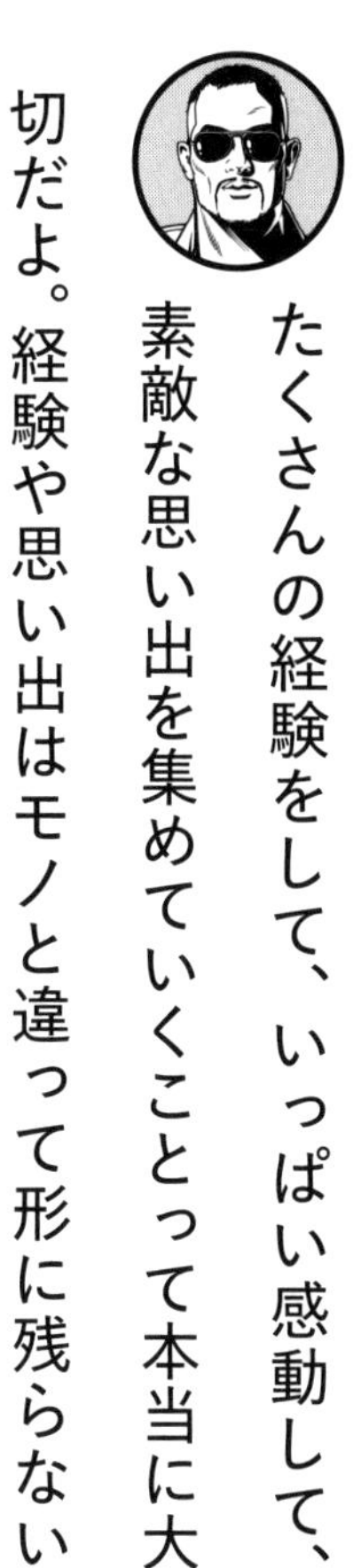

たくさんの経験をして、いっぱい感動して、素敵な思い出を集めていくことって本当に大切だよ。経験や思い出はモノと違って形に残らないけど、豊かで幸せな人生には欠かせないもの。経験や感動には惜しみなく金を投資しよう。先送りにしないでやりたいことやろう。行きたい場所に行こう。必ずプラスになるから。

脳内タイムマシーンで自分史上最高の1日にトリップしよう

あなたの人生最高の思い出は何だろうか。彼女との初デート？　家族旅行で見た絶景？　仕事で初めてクライアントを獲得した時？　ベンチプレスが初めて100kg挙がった瞬間？　人それぞれいろいろあるだろう。最高の思い出に浸ることは実に気分が良いものだが、幸福度という面からみてもポジティブな影響が大きいことが研究からわかっている。

ポジティブな思い出を回想することの効果を調べた研究（Bryant et al. 2005）から見ていこう。65人の大学生を対象にしたこの研究では、被験者に前向きな思い出が詰まっている品（写真、プレゼント、土産物など）をリストアップしてもらった上で、1日2回、10分間、リストに上がっている良い思い出の中から一つを選んで回想してもらった。比較対象グループは最近興味を持っている出来事や日常生活の問題について考えるように指示された。**1週間後、前向きな思い出を回想したグループは実験前と比べて幸福に感じる時間が大幅に増えた**（比較対象グループは増加しなかった）という。さらに、思い出への「浸り方」にもコツがあることを示唆する研究がある。大学生112人に1日に8分、「人生で最も幸福だった日」を回想してもらう3日間の実験（Lyubomirsky et al. 2006）では、

被験者が思い出を回想する時に体系的に分析するように誘導されたグループ（その出来事が「なぜ」「どうやって」起きたかなどを考えるよう指示された）と、その日の出来事を繰り返し追体験しているかのように誘導されたグループでは、後者のほうが4週間後の測定でポジティブ感情が増えていたそうだ。要するに、思い出をあれこれと分析するのではなく、その時の気分や行動を感覚的かつ情熱的に思い出し、まるで幸福な体験のビデオを見ているかのように再体験したほうが、幸福度を上げる効果は大きいようだ。

ちなみに、**ポジティブな回想によって幸福度が増すという傾向は年配の人ほど強くなる**という研究（Havighurst et al. 1972）もある。当然だが、将来的にポジティブな回想をして幸福度を上げたければ、より多くの思い出を貯め込んでおかなければならない。そこで登場する戦略が思い出貯金である。お金を銀行に貯金するように、思い出を脳のメモリーに貯め込んでいくのだ。お金を貯めるのは苦痛と我慢を伴うが、思い出は貯めている瞬間も楽しいのでやらない手はない。モノよりも経験、つまり思い出になるような出来事にお金を使ったほうが幸せになれる、という話（20ページ）を覚えているだろうか？　そう。思い出になるような何かを積極的にやっていくことは、今の幸福度も将来的な幸福度も上げてくれる。なんてワンダフルなのだろう。さあ、思い出を貯金しよう。

「回避目標」ではなく「接近目標」を立てる

やること
①自分の目標をリストアップする
②それらの目標を「回避目標」と「接近目標」に分ける
③すべての目標を「接近目標」に再構築する

受け身の目標を立てるのはやめろ。愛されたいではなく愛したい。認められたいではなく認めざるを得ないぐらいブッチギリの結果を出す。受け身の目標は生殺与奪の権を他人に握らせているも同然。他人はコントロールできないのでその目標はかなわない可能性が高い。自分がどうするかのみに全集中するのだ。

あなたを幸福にする目標と不幸にする目標

○○になったら嫌なので、××をやらないように気を付けよう、という考え方を「回避目標」、○○を達成するために××をやろう、という考え方を「接近目標」と呼ぶ。面白いのは、同じ目標であっても接近目標にも回避目標にもなりうることだ。例えば体重を減らすという目標があったとしたら「太らないために運動をしないと……」というのが回避目標で、「痩せるために運動を始めよう！」というのが接近目標だ。では、2つの目標のうち、幸せに生きるためにはどちらが望ましいのか。答えははっきりしている。接近目標を追い求める人のほうが幸福だという研究結果が出ているのだ。

個人的な目標と幸福度の関係について調べた研究（Elliot et al. 1997）を見ていこう。この研究では、17歳から37歳までの大学生166人を対象に、日常生活における個人的な努力目標（「もっと有能になる」「孤独にならないようにする」など）を10個リストアップしてもらった上で、1学期間（4～5カ月間）の観察を行った。すると、回避的な目標を重視していた学生はそもそもの幸福度が低い上、学期が始まった時よりも、終わった時のほうがより幸福度が下がっていたという。研究者らは「回避目標を追い求めることは短期的に見ても長期的に見ても幸福度にとって有害だ」と結論づけている。また、21

0人の大学生を対象にした同様の調査（Heimpel et al. 2006）では**回避目標を追い求める人は自尊心が低い傾向があった**という。

回避目標を追い求めることがなぜ不幸につながってしまうのかというメカニズムはまだ明らかになっていないが、回避目標は「○○をしない」というように自己規制的であることが多い上、「悪い結果を避けよう」という考え方自体、ネガティブな側面により強い関心が向きやすくなる、といったことが考えられそうだ。

まあ、そこまで深く考えなくても、例えばダイエットする時に「痩せなければ」「太りたくない」と恐怖心からダイエットするのと、「体脂肪を落として美しくなりたい」「筋肉をつけてセクシーになりたい」と自ら望んでダイエットするのでは後者のほうが楽しいことは明らかだろう。そして、楽しいから続くし結果も出る。皆さんも、回避目標は徹底的に排除して、**接近目標型の武将**になりましょう！

第2章

ポジティブな面に注目する

著者の一言

⑪「明日起きそうな良いこと」を2分間想像する

ベンチプレスのMax重量を更新して、モテる。完璧。

⑫毎週日曜日の夜に感謝すべきことを5つ書き出す

筋肉、ダンベル、プロテイン、バーベル、筋肉

⑬もしも●●がなかったら？　と想像し、紙に書き出す

もしもダンベルがなかったら？……ツラすぎる。。。もぅマヂ無理。。。筋トレ行ってこよ。。。

⑭常に笑顔でいる

デュシェンヌ・スマイルの練習を開始します！

⑮ネガティブな言葉を使わない

基本いつも一人行動でしゃべること自体があまりないので死角なし！

⑯自分の「強み」を使う

何が強みなのかよくわかってないので今後も模索し続けていきたいと思います！

⑰将来の最高の自分を想像して書き出す

試しにやってみたんですけど、初日の5分で想像力が尽きてしまい、終了しました。20分間×4日間って苦行じゃない？

⑱なんでもない「日常」を味わう

ディズニー＆ピクサーの『ソウルフル・ワールド』っていう映画があるんだけど、それを見ると日常の大切さがよーくわかるので見てみてほしい！

⑲幸福な思い出を追体験する

そう、あれは俺の人生最大のモテ期だったころ……モテ期、、、？　1回も来てないやんけオラ！　3回は来るんとちゃうんかおい！

⑳「回避目標」ではなく「接近目標」を立てる

筋肉を増やすためにモリモリ食べてゴリゴリ筋トレをする！

第3章

利他の心を持つ

「困っている人を助けた時に、
心があたたかくなって、
そのときわかったんだ。
僕が何のために
生まれてきたのか、
何をして生きていくか、
何が僕の幸せかって…。」

——アンパンマン

（映画「それいけ!アンパンマン いのちの星のドーリィ」より）

「他人の良いニュース」に興味や熱意をもって反応する

やること

①身近な人からいい知らせを聞いたら、相手が引くぐらい一緒に喜んで興味関心を示す。泣けそうなら泣いてもいい。

友人や知人の成功を一緒に喜んであげられる人になろう。それができれば友人や知人の数だけ喜べる数も増え、友人や知人に良いことがあるたびに自分も幸せになれる。逆に、それができない人は友人や知人の数だけ嫉妬の数も増え、友人や知人に良いことがあるたびに惨めな気持ちになる。この差は超デカい。

積極的×建設的なリアクションをマスターしよう

友人や知り合いに良いことがあったら自分のことのように喜んであげる。当たり前のようだが、これができる人はかなり少ない。本当は心から喜んであげたいのに、羨望と嫉妬が入り混じった複雑な感情が湧き起こってきて「ふーん、そうなんだ」的な冷たい反応をしてしまったり、表面上では祝っているものの心の中では「悔しい。自分だって頑張ってるのに……」と惨めな思いになったりする。心当たりがあるだろうか？　おめでとう。そんなあなたに朗報がある。ちょっと意識を変えるだけで、あなたの幸福度を劇的にアップさせる施策をご紹介しよう。それは、「親しい友人や家族のグッドニュースに対してポジティブに反応する」というとてもシンプルなテクニックだ。マスターすれば素晴らしい人間関係を構築するのに役立つだけでなく、あなたを幸せにしてくれる。

「幸福度を上げる介入」について調べたカリフォルニア大学の研究（Schueller 2012）によると、**1日に3回、「友人や愛する人が良い知らせを持ってきたら、積極的で、建設的な反応をする」ことを心がけた人たちはわずか1週間で以前よりも幸福になり、落ち込むことが少なくなった**という。

パートナーがへこんでいたら慰めてあげることももちろん大事だが［＊1］「良いこと」

を一緒に喜んであげられることのほうがより大事であるらしいこともわかっている。79組の交際中のカップルを対象にした研究（Gable et al. 2004など）によると、**昇進や進学などのポジティブなイベントに対する反応のほうが、ネガティブなイベントに対する反応よりも「人間関係の幸福」という点からみてプラスの影響が大きかった**という。

後者の研究を主宰したカリフォルニア大学の心理学者、シェリー・ゲーブルによれば、他者の良いニュースに対する反応の仕方は、

積極的×建設的「おめでとう！　私も最高にうれしい！　次は何を目標にするの？」
消極的×建設的「ふーん（真顔）。昇進はいつから？」
積極的×破壊的「え？　本当？　○○課だったら出世コースだったのに残念だね！」
消極的×破壊的「……（無視）。ところで早くお風呂に入ってくれない？」

の4種類あり、そのうち人間関係にプラスに働くのは積極的かつ建設的な反応だけだという。そして、気のない返事はあからさまに否定的な反応と同じぐらい人間関係に有害らしい。友人や知り合いに良いことがあったら自分の幸せのために心から祝福しましょう！

＊1……Testosterone et al.（2021）、※編注　32歳男性自称恋愛マスター（彼女なし）の自論（エビデンスなし）です

友だちや同僚にランチをおごる

やること

①ランチをおごる、プレゼントをする、飲み物を差し入れするなど、人を幸せにするためにお金を使う
②①を定期的に実行する

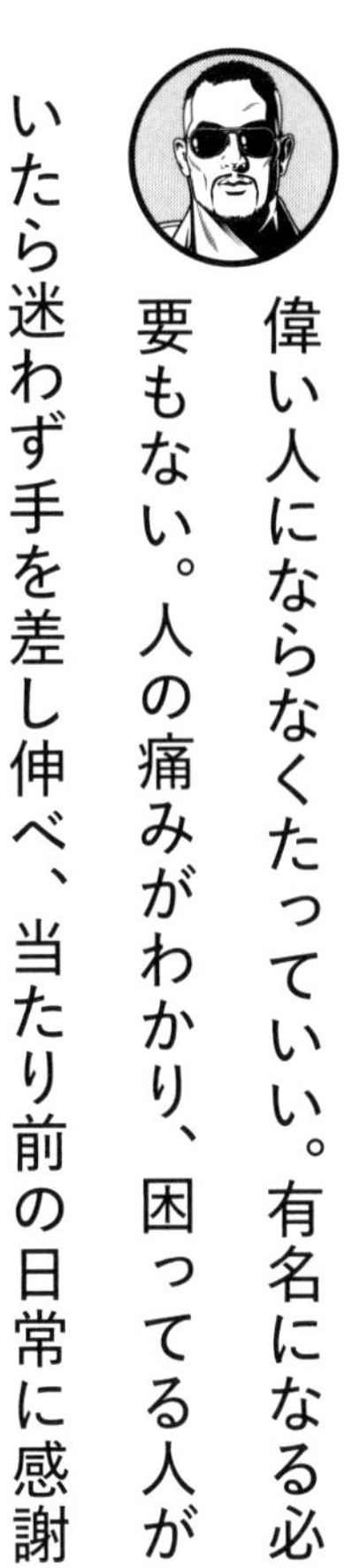

偉い人にならなくたっていい。有名になる必要もない。人の痛みがわかり、困ってる人がいたら迷わず手を差し伸べ、当たり前の日常に感謝を忘れない、些細なことにも幸せを感じられて、いつも親切で周りの人をほんのちょっぴり幸せにできる。そういう人になってほしい。そういう人を俺は最も尊敬している。

人のために使った時間やお金は幸せを運んでくる

「よし。この本のエビデンスに従って時間や経験にお金を投資した。確かにいい買い物だったが、そろそろ自分の物欲を満たしてやっても罰は当たらないだろう。何を買おうか。カバンか？　時計か？　最近家にいることが多いしホームシアターとかもいいな……」（**常人なら見逃しちゃうおそろしく速い動作**でスマホを起動しAmazonを開く）

気持ちはよーくわかる。だが、もうちょっとだけ待ってほしい。あなたを幸福にしてくれる有効なお金の使い方をもう一つだけ紹介させてくれ。

とても有名なブリティッシュコロンビア大学の実験（Dunn et al. 2008）がある。この実験では、5ドルもしくは20ドルが入った封筒が参加者に手渡されたのだが、5ドルグループと20ドルグループはそれぞれさらに2つに分けられ、一つのグループは自分のために（家賃の支払いや個人的な買い物など）、もう一方はほかの人のために（甥っ子におもちゃを買う、誰かのためにコーヒーを買うなど）使うように指示された。すると、**5ドルもらったグループも20ドルもらったグループも、ほかの人のためにお金を使ったほうが、幸福度が有意に上昇した**のだという。たいていの人は自分のためにお金を使ったほうが幸福度は上がるだろうと考えるが、それは間違いで、もらったお金を自分のために使っても幸福度は変わらなかったのだ。600人以上のアメリカ人を対象にした調査でも、**個人が自分のために使ったお金の額は全体的な幸福度に関連がなく、幸福度を予測するのは人にあげた金額であり、他人に投資すればするほど幸福度は増した**という。「それってしょせんはお金にまったく困ってない人たち限定の話じゃない？」と思った読者の人もおられるだろう。俺も思った。だが、この研究は経済的にあまり恵まれていないウガンダでも行われており、同様の結果が得られたそうだ。たとえお金に余裕がなかったとしても、できる範囲で他人のためにお金を使うことは個人の幸福度を上げてくれる可能性が極めて高いということだ。また、人のためにお金を使う場合でも、一緒にスターバックスに行く、といったように**社会的つながりを深めるような使い方が最も幸福度を高める**こともわかっている（Aknin et al. 2013）。ちょっとした差し入れをする、ランチやコーヒーをおごるといった小さな心遣いで自分だけではなく相手も幸せにできるのだからこんなに費用対効果が高いお金の使い道はない。相手との関係性もより良好になるしね。数百円でもいい。素敵なお金の使い方をしてみよう。

自分の仕事が
誰を幸せにしているかを
考えてみる

やること

①自分の仕事が誰の役に立っているのか、どう社会に貢献しているのか熟考する
②自分の仕事のおかげで笑顔になっている人を思い浮かべる
③仕事へのプライドと自尊心爆上がり！　やったぜ！

仕事にやりがいを感じられない人は、自分の仕事がどこで誰の役に立っているか事細かに想像してみよう。あなたがいなければ部署は回らないし、あなたの親切な対応に救われるお客さんがいるし、会社はそんなあなたの貢献に対して給与を支払い、社会は会社が生み出した価値へのお礼としてお金を払う。必要がなければそこに仕事は生まれない。この世に、やりがいのない仕事なんてないんだよ。

自分の仕事を「天職」に変える方法

我々は活動している時間のほとんどを仕事に費やしているため、仕事から得る幸福度を上げられれば、インパクトは極めて大きいと言える。

仕事と幸福度の関係についてイギリスで行われた大規模な調査をもとにした分析（Oguz et al. 2013）では、**「転職や副業を希望している就業者の幸福度は、転職を希望していない就業者はもちろん、半年以内に失業した人よりも低い」**という結果が出たそうだ。「働いているが、仕事に満足していない人」の幸福度が、失業した人よりも低いとは、ちょっと衝撃的だ。では、満足できない職場で働いている人が幸福度を上げるためには転職するしかないのか？　研究によれば、どうもそうではないようだ。

研究（Wrzesniewski et al. 1997）によると、人の働き方は、「労働」（生計を立てるために働く）、「キャリア」（成長するために働く）、「天職」（仕事が好きで働くことそのものを楽しむ）という3つのうちのどれかに当てはまるが、何の仕事であっても自分の仕事に意義を見出し、仕事が好きで働く「天職」の状態に近づけていくことは不可能ではないという。そのためのヒントになるのが仕事に対する意識や業務上の行動を修正し、やらされ感のある仕事を働きがいのあるものに変容させる「ジョブクラフティング」と呼ばれる手法だ。

ジョブクラフティングの有効性を示唆する研究を一つご紹介しよう。

同じ仕事を担当している病院の清掃係28人を対象に行った調査研究（Wrzesniewski et al. 2001）によると「清掃の仕事は求められるスキルが低く、最低限の仕事しかしていない」と答えた人がいる一方で、自分の仕事を価値あるものと考え、効率よく仕事をこなしている人たちもいた。後者は**自分の仕事を患者や来客や看護師たちが毎日を暮らしやすくするための意義あるものだと考えており、清掃という仕事が好きだと判断していた**という。つまり、職種に限らず、仕事に対する本人の意識と行動を変えること（ジョブクラフティング）ができれば、仕事を好きになり、満足感を持つことができるのだ。

自分の仕事が嫌いな人は「自分の仕事は誰を幸せにしているかな？」と考えてみよう。例えば総務の仕事だったら、自分の仕事は社員が働きやすい環境を整備し、会社の理念を実現することであり、世になくては困る製品／サービスを人々に届ける大事な役割の一部を担っているのだ、という具合である。これらの研究を主宰したレツネスキー教授は「人々が人生から得ている満足感の大小は彼らが自分の仕事をどう見ているかに大きく依存しているようだ」と述べている。あなたに適した仕事を探すことも大事だが、今の仕事を好きになる努力をしてみてもいいかもしれない。

寄付をする

やること
①自分が関心のある社会問題（例：子育て支援や環境問題等）に取り組んでいる団体を調べる
②自分が苦しくない範囲の金額を寄付する

寄付って一方通行の施しではなくてちゃんとリターンがあるんですよ。寄付すると「誰かの役に立てて良かった」と思えて心が洗われるんだけど、それが寄付に対するリターン。自分の物欲を満たすのとは全く異なる温かい満足感がある。必要な所に必要な物資が届き、寄付者は温かい気持ちになれる。Win-Win。

寄付は必ずリターンが得られる投資である

友人や家族など、親しい関係の人たちのためにお金を使うことが幸福につながるらしいことはすでに触れた。ここではもう一歩進んで恵まれない人や社会問題に取り組む団体などへの「寄付」が幸福に与えるポジティブな影響を見ていこう。

２００６年から08年にかけ、１３６カ国で行われたギャラップ調査［＊1］をもとにした研究（Aknin et al. 2013）では、20万人以上の人に日々の暮らしや生活満足度について尋ねたデータを解析したところ、１３６カ国のうち、１２０カ国では、**前の月に慈善団体などに寄付をした人は、人生により多くの満足を感じていた**という。これは相対的に貧しい国も裕福な国も同じ傾向を示し、個人の収入などを考慮して数値を調整した後でも変わらなかった。**寄付をすることによる幸福度への貢献は、世帯の所得が2倍になったのと同じぐらいの効果があった**そうだ。また、オーストラリア銀行で行われた実験（Anik et al. 2013）では、無作為に選ばれた行員85人に「向社会的ボーナス」（向社会的＝他者の利益のための、といった意味）として１００オーストラリアドルを渡し、チャリティウェブサイトを通じて自分が選んだチャリティに寄付させた。すると、**寄付をした後、行員たちは向社会的ボーナスをもらわなかった比較対象グループと比べて幸福度が上がったただ**

けでなく、仕事に対する満足度も上がったと報告した。

寄付をすることによって寄付をした側が幸せになるメカニズムははっきりとはわかっていないが、社会的な生き物であるとされる人間には、「人のためになること」に喜びを感じる本能が備わっているのかもしれない。もちろん寄付はある程度余裕がある人がやればいいし、「寄付をしなければ」と負担を感じる必要はまったくない。ただ、現在はふるさと納税などを利用して自己負担額が少なく寄付ができる制度も整いつつあるし、自分にとって関心の深い社会問題を選んで寄付できるフォーマットもあるので、文末に紹介しておく。少しでも余裕のある人は寄付をしてみよう。寄付はする側も受け取る側も幸せになれる素晴らしい営みなのだから。

ジャンルを選んで寄付ができる
https://solio.me/

社会問題専門の
クラウドファンディング
https://camp-fire.jp/
goodmorning/projects/

ふるさと納税でできる
災害支援
https://www.furusato-tax.jp/
saigai/

＊1……アメリカ世論調査研究所が行っている世論調査で、米国で最も信頼性が高いとされている

週に2時間
ボランティアをする

やること
①OKグーグル！　近所でやってるボランティア活動！
②少しでも「いいな」「できそうだな」と思うものがあれば秒速で登録
③その日が来たら全力で奉仕する

他者貢献こそが幸せへの近道だ。自己欲求の追求でたどり着ける幸せの境地などたかが知れてる。他者を幸せにすること、他者の助けになることに幸せを感じられるならあなたは一生ハッピーに暮らせるだろう。なんてったって他人は無限にいるから幸せが尽きることはない。利他的に生きれば愛と感謝と幸せに満ちあふれた最高の人生になる。

ボランティアは幸せアクトの宝庫

親切や寄付と同様に、ボランティア活動にも人を幸せにする効果があるという。ボランティアの定義は「金銭的な報酬をもらわず、自発的に時間や能力を他者に与えること」なので、人のために自分のリソースを使うという意味で共通項が多いのだろう。

ボランティア活動と個人の幸福と関連が深い6つの要素との関連を調べた研究（Thoits et al. 2001）を紹介しよう。25歳以上のアメリカ人2681人を対象にした調査において、**過去12カ月の間にボランティア活動（教会や学校、老人会のための活動などを含む）をした人は、1年後、幸福度と人生への満足度が高まり、有意ではないものの自尊心も高まった**という。

ただ、ボランティアはやればやるほどいいというわけではない、ということを示した研究もあるので注意が必要だ。64～68歳のオーストラリア人男性2136人を調査した結果（Windsor et al. 2008）、**年間100～800時間のボランティア活動をしている人は、年間100時間未満、もしくは800時間以上ボランティア活動をしている人よりも幸福度と人生への満足度が高かった。**活動時間が年間100時間を超えると幸福度が上がる効果はほとんどなかったそうなので、幸福度の最大化という観点においては、年間10

0時間を日安に活動するとよさそうだ。**年間100時間は週あたりで考えると約2時間**だ。これぐらいであれば、負担感なく続けることができるだろう。

ボランティアには高齢者や被災者を支援するものや、育児サポート、交通安全活動、環境保護まで様々なものがあるので、興味を持って取り組めるものを見つけてほしい。「週末　ボランティア」と検索するだけで参加できる活動が簡単に見つかるし、もっとがっつりコミットしたければパートタイムNPO（本職を持ちつつ平日の夜や週末に本格的にNPOの活動をする）というやり方もある。個人的にボランティア活動が幸せに貢献する割合は強大だと思っている。強みを生かす×コミュニティに属する×親切にする×人と会話するといった、単一でも効果の高い幸せアクトを一気に行えるからだ。**メチャクチャわかりやすく例えると、**［＊編］プロテイン、クレアチン、マルチビタミン&ミネラル、フィッシュオイル、鉄分、プロバイオティクス、食物繊維、R-ALAやグルタミンが一気に取れるオールインワンサプリメントのようなものである。

ボランティアや寄付をする人々を偽善者だと罵倒する奴らもいるが、やらない偽善よりやる偽善だし、そもそも偽善なんてあいまいなもんで気にする必要は一切ないよ。何やっても文句言ってくる奴は言ってくるのでシカトしておきましょう。

＊編……わかりづらいので別の例えにしてくれと何度も交渉したのですが、「俺を信じろ」とか言って頑なに拒否されました。伝わりましたか？（不安）

「親切デー」をつくる

やること

①週に1日「親切にする日」を設ける
②その日に5つの親切を実践する
③1日の終わりにその日にした親切を振り返り、親切にした相手の笑顔を思い出し、「自分はなんて良い奴なんだ！」とニヤニヤする

親切こそ最強の人生戦略だ。人に親切にすれば「良いことしたな」と気分が上がり自尊心が高まる。親切にされた人は「世の中捨てたもんじゃない」と幸せな気分になる。そして親切の素晴らしさに気付いた2人は今後も人に親切にするので親切が連鎖する。その親切は巡り巡って自分自身に返ってくる。因果応報。

親切こそ最強の人生戦略である

人間には、物欲だけでなく「親切欲」と言うべきものがある。物欲と違い、親切欲が自分の中に存在することにはなかなか気付きにくいが、親切欲を発見する方法は簡単だ。実際に人に親切にしてみればいい。そうすれば一発で「あれ！　なんかメッチャ清々しい気分だぞ！　親切ってこんなに素晴らしいのか！」となってその存在を確認することができるだろう。うーん……でも、他者に親切にすれば自分も幸せになれるって本当なの？　はい、本当です。それを証明するエビデンスをいくつかご紹介しましょう。

親切の効用について調べた有名な実験（Lyubomirsky et al. 2005）では、被験者は6週間にわたり、週に5回の親切（献血をする、友人にお金を貸す、年配の親戚を訪ねる、など）を行うように指示され、さらに1日に5つの親切を行うグループと、5つの親切を別々の日に行うグループに分けられた。すると、**1日に5つの親切を行ったグループは、何もしなかった比較対象グループと比べて有意に幸福度が上昇した。ところが、5つの親切を別々の日に行ったグループでは、幸福度の増加がみられなかった**という。なぜバラバラの日に親切をしてもあまり効果がないのか？　研究者らは「一つ一つは小さな親切なので、1週間に範囲を広げると普段の行動との区別がつきにくくなったのではないか」

と分析している。

ここからわかることは、親切をすれば幸福になれる、という事実に加え、親切を「意識的に行う」ことも重要だということだ。実は**自分が行った親切を数えるだけで幸福度が上がる**、という研究もある。親切と幸福度の関係について日本で行われた研究（Otake et al. 2006）では、119人の大学生が、1週間にわたり、自分が行った親切に注意を向けてその件数を数えるグループと、何もしない比較対象グループに分けられた。すると、**自分の親切を数えたグループは有意に幸福度が増加した**という。この研究では**そもそもの幸福度が高い人ほど親切な行動をとることに対する意欲が高い**こともわかっている。幸福で心に余裕のある人は親切な行動をとり、より幸せになるというポジティブスパイラルに入る。逆に、幸福ではなく心に余裕のない人は親切な行動をとらず、より幸福から遠のいていくというネガティブスパイラルに入る。後者が負のスパイラルから抜け出すには？　簡単だ。意識的に親切な行動をとり自分の幸福度を上げてやればいいのだ。

親切は最強の人生戦略だ。「明日は親切デーだ！」というようにイベント化して自分自身を盛り上げ、親切をしまくろう。世の中の幸せの総量をぶち上げちゃおう。

第3章

利他の心を持つ

著者の一言

㉑「他人の良いニュース」に興味や熱意をもって反応する

ドラマの主人公に良いことがあるだけでうれし泣きしそうになるんで大丈夫です。

㉒友だちや同僚にランチをおごる

思い、思われ、おごり、おごられ。おごるのもおごられるのも大好きで、むしろ割り勘のほうがちょっと苦手。

㉓自分の仕事が誰を幸せにしているかを考えてみる

この本の読者の皆さんやTwitterをフォローしてくれている皆さんが、少しでも幸せになってくれていたら本当にうれしいです！

㉔寄付をする

少額ですが、寄付してます！　もっとできるように頑張ります！

㉕週に2時間ボランティアをする

これはあまりできていないので、努力しないといけない領域です！

㉖「親切デー」をつくる

毎日がエブリデイ親切デーです。ハンターの如く親切チャンスを常に狙っています。

第4章

人間関係(ソーシャル)に投資する

「モノも重要だが、
人間は欠けてはならない
存在です。
人なしでは私たちは
人間らしさを失い、
顔も名もない単なる
物体と化してしまう。
私たちは物体ではない。
人間なのです」
――フランシスコ教皇
（第266代ローマ教皇）

「挨拶の輪」を広げる

やること
①視界に入った人に片っ端から挨拶する
②①を徹底する

挨拶を無視されるのが怖くて挨拶できないっ
て人多いけどそんなん気にせず挨拶したら
ええんやで。挨拶をするまでがあなたの仕事。返事す
るか否かは相手の判断なのであなたが気にすること
じゃない。相手の反応にかかわらずあなたは人とし
て正しいことをすればいい。正しいことをすれば爽
やかな気分でいられる。

パパとママの教えは正しかった

「挨拶はしっかりしなさい」――。小さい頃、両親が何度も言い聞かせてくれたような基本的なアドバイスだが、幸福な人生を送る上で、これ以上に有益なアドバイスはなかなかない。ブリティッシュコロンビア大学での実験（Sandstrom et al. 2014）によると、**授業中、いつもより多くのクラスメートと交流し、やり取りがあった生徒はより大きな幸福感と、クラスへの帰属感を経験した**という。いつも一緒にいる親友のような存在だけでなく、緩やかな関係でつながっている人とコミュニケーションをとることは多くの人にとってうれしいことなのだろう。また、同じ研究によると、**日常生活で、より多くの「弱いつながり」を持っている人のほうがより幸せだ**ということも報告されている。

挨拶のメリットは「単純接触効果」という現象からも説明できるかもしれない。人間には同じ人やモノに繰り返し接触すると、好感度や印象がアップする、という特性があるのだ。

ミシガン大学とミシガン州立大学の学生新聞で行われた実験（Zajonc et al. 1969）がある。この実験では、数週間にわたり、新聞の一面に広告のような囲み記事を掲載。ランダムにトルコ語もしくはトルコ語風の単語（つまり、アメリカの学生には意味がわからない）

を掲載した。単語は1回しか登場しないものもあれば、2〜25回も登場するものもあった。実験後に学生に単語が「良いこと」を示すか、「悪いこと」を示すか、と質問すると、**最も新聞紙上への登場頻度が高かった単語は、1回か2回しか登場しなかった単語に比べ、「良いこと」を意味すると考えた人がはるかに多かった。**漢字や人間の顔を使った実験でも同じような結果が出たという。単純接触効果のパワーは、俺の個人的な経験から考えても疑いようがない。**俺はかれこれ16年間ほぼ毎日ダンベルと顔を合わせている**し、ダンベルを友達とみなし「ダンベルさんこんにちは」とか「準備はいいか?」とよく話しかけているが、端的に言ってダンベルへの愛情がヤバい[＊編]。

人間関係において、挨拶は最も手軽な「接触」のツールだ。挨拶をすれば、したほうもされたほうも「なじみがある」という心地よい感覚が生まれ、仲が深まる可能性が高くなる。コワモテの上司、あまり打ち解けていない同僚、エレベーターで顔を合わせる同じマンションの住民……。まずは勇気をもって挨拶してみよう！　そうしよう！

＊編……単純接触効果を発見したザイオンスさんらの実験によると接触回数が20〜30回を超えると好感度が逆に減少するそうです……。Testosteroneさんと一緒に論文を読んだんだけどなぁ……

許す

やること
①許せない人を思い浮かべる
②想像の中で2～3回ビンタする（オプショナル）
③許す。または記憶からdeleteする

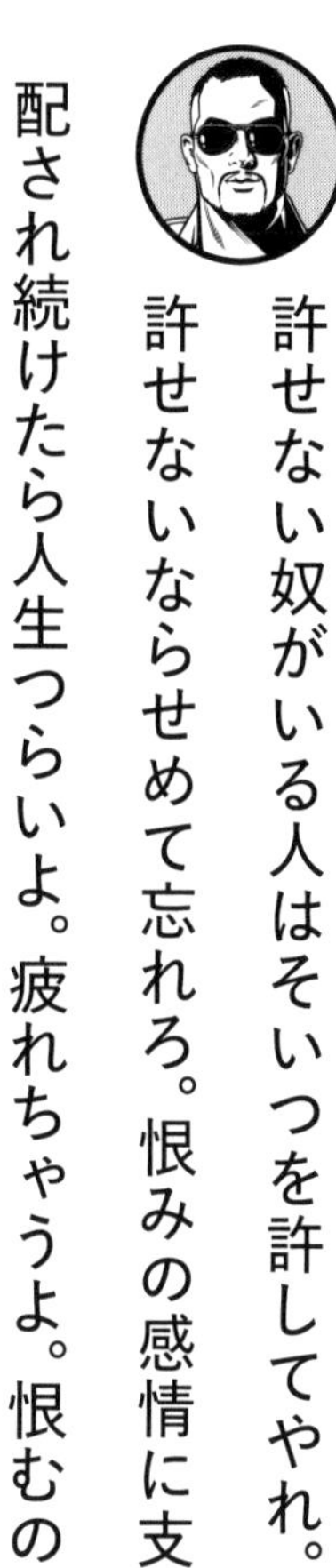

許せない奴がいる人はそいつを許してやれ。

許せないならせめて忘れろ。恨みの感情に支配され続けたら人生つらいよ。疲れちゃうよ。恨むのをやめないと過去の嫌な記憶があなたの未来も傷つけ続ける。過去にあなたを傷つけた人にあなたの未来まで傷つけさせないで。相手のためじゃない。自分のために忘れよう。

相手ではなく、自分を解放するために許そう

人間、生きていればどうしても許せないこともある。だが、過去の恨みを根に持っていると先に進めない。相手が反省してるとかしてないとか、納得がいくかいかないかとか細かいことを考えず、自分のために他人を許そう。許すからと言って必ずしも和解する必要はないし、関係を再構築しなければいけないというわけじゃない。相手を恨んだり、相手の不幸を願ったりするのをやめて、ただシンプルに忘れる、その人があなたの心に占めているスペースを取り戻す、という行為も立派な「許し」であると言える。「どうしても許せない奴がいる」「簡単に許せとか言う奴は、本当に酷い仕打ちを受けたことがない幸せな人間だけだ」と思う人もいるだろう。気持ちはわかるし、許すことを強要する気もない。だが、人を許すという行為は相手のためではなく、自分を解放するための選択であるからにして、どうか、許すという選択肢を常に頭の片隅に置いておいてほしい。

許すことの大切さを示すウィスコンシン大学の研究（Enright et al. 1993）を紹介しよう。この研究では対人関係によってかなり傷つけられたと感じている65歳以上の女性24人を「許しを与えるグループ」と比較対象グループに分け、「許しを与えるグループ」は8週間に

わたり「許しの治療モデル」のプログラムを学んだ。すると、**許しを学んだ女性たちは自制心が強くなり、不安な気持ちが減少し、自尊心が高まった。**そして**実験終了後数カ月にわたって、ネガティブな感情が以前より減少し、自尊心が高くなっていた**という。この研究で被験者たちが学んだ「許しの治療モデル」はウィスコンシン大学のロバート・エンライト教授が提唱したもので、次のようなプロセスをたどる。

フェーズ１：怒りがあることを知る
フェーズ２：許すことを決意する
フェーズ３：許しの作業を行う
フェーズ４：新しい自己を発見し感情の牢獄から脱出する

人間、何かムカつくことをされた時に最初に抱く感情として「怒り」がデフォルト設定されている。このプログラムは怒りを「慈悲」に切り替えていく作業だと言っていい。ムカつくよりも先に相手を心配する。許す。救ってやれないか考える。相手のためってよりは自分の精神の安定のためにそうしたほうがいいのだ。

残業をやめる

やること

①経済的理由、社内の雰囲気、強制、様々な理由があると思うが、残業をしない方法を考える
②答えは転職かもしれないし、ライフスタイルの見直しかもしれないし、業務の効率化かもしれないが、とにかく残業時間を減らす
③今まで残業に使っていた時間で人生を楽しむ

人の心はもろいから十分な睡眠時間や趣味に没頭してリラックスする時間が必須だ。仕事のせいで睡眠や趣味の時間が十分に取れていないのなら、それは会社に人生を略奪されている状態だと言っても過言ではない。「会社が私の人生を奪いにきてやがる」というぐらい深刻な感覚を持とう。自分の人生は自分で守ろう。

残業は幸福をお金で売り渡す行為である

お金で時間を買うと幸せになれる。逆に考えると、所定の労働時間を超えて働くことは、自分の時間（≒幸福）をお金で売り渡している行為に等しい。残業をすれば、家族と話したり、趣味に費やしたりといったあなたを幸福にする時間が削られてしまうからだ。もちろん、強制的に残業させられていたり、生活のために残業せざるを得なかったりする人もいると思うが、ここでは「残業によって得られる所得が自分をより幸せにしてくれる」と考え、自主的に残業してしまいがちな人を対象に話を進めていきたい。

アメリカで実施されている『総合的社会調査』のデータから抽出した2765人のサンプルを対象に、幸福に関連する様々な指標と残業との関係を調べた研究（Golden et al. 2006）を紹介しよう。この調査によると、**残業によるストレスの増加や、仕事と家庭生活の不均衡を原因とする幸福度の減少は、長時間労働による収入増がもたらす幸福度の増加を上回る**という。研究者らは「人々は長時間労働による収入の増加から得られる幸福を過大評価し、追加収入のために働くことによる機会費用を過小評価している」と分析している。時間の価値を低く、お金の価値を高く見積もってしまっているがゆえに、貴重な時間を安値でバンバン換金してしまっている状態だ。

さらに、日本で行われた研究は残業に慣れてしまうことの恐ろしさを示している。会社員6000人を対象に行われた大規模調査によると、残業時間が60時間を超えると、幸福度が上昇に転じる（あくまで残業が45〜60時間のグループと比べてであり、普通の状態よりも幸福という意味ではない）という。だが、**残業なしのグループと比べると「食欲がない」「強いストレスを感じる」「重篤な病気がある」人の数は1・6〜2・3倍にも上った。**客観的に見ると明らかに悪い状態であるにもかかわらず、本人の主観ではそれがわからなくなってしまっているのだ。研究を主宰した立教大学の中原教授はこの状態を「残業麻痺」と呼び「長時間労働によって人の認知に『ゆがみ』を生み出す何らかのメカニズムがあると考えるのが妥当」としている。超長時間労働が常態化すると、思考能力が弱まり、正常な判断力すら失われてしまう可能性があるのだ。ちなみに、厚労省が設定した病気や自殺に至るリスクが高まる労働時間、いわゆる「過労死ライン」は「発症前1カ月間に100時間あるいは発症前2〜6カ月間平均で80時間の時間外労働」とされている。残業時間が60時間を超える皆さんは、一度立ち止まって働き方を見直してみてほしい。もちろん、そう簡単に会社を辞めたり転職できたりしたら苦労はないが、限界が来てしまってからでは遅いのだ。

毎日5回
ハグする

①相手と正面から向き合い、ハグをする
②それを毎日最低5回は行う

は？　ハグする相手がいたら何の苦労もないんだが？？　は？？？

すまない。心の声が漏れてしまった。俺もこれはなかなか実行に移せないのだが、近い将来、ハグする相手ができた時のために一応知っておこうと思うし、皆にも知っておいてほしい。ほら、念のためね……。

日常的にハグするリア充が健康も幸福も手に入れる

アメリカ人はやたらとハグをする。朝出かける時にママに行ってきますのハグ、久しぶりに友達と会ったらハグ、バスケットボールの試合後もハグ……。欧米をはじめ、世界の各地で見られるこうしたハグ文化だが、実はとても理にかなったものであることをご存じだろうか？　そう、ハグには幸せになる効果があるのだ。

ポジティブ心理学の権威であるカリフォルニア大学リバーサイド校のソニア・リボミウスキー教授が著書『The How of Happiness』［＊1］の中で紹介している研究を見ていこう。この研究ではまず、学生たちを2つのグループに分け、1番目のグループは4週間、毎日最低5回はハグをして、その詳細を記録するよう指示された。ハグの強さや長さ、手の位置などは当人たちに任されたが、親密な相手だけでなく、できるだけ様々な人たちとハグをすること、ハグは正面から向き合い、2人とも両手を使うこと（かつ性的でないこと）などがルールとして決められた。2番目の比較対象グループは4週間、毎日の読書時間を記録するように指示された。**4週間後、ハググループの幸福度は上がり、読書グループは何の変化もみられなかった**という。ちなみに、同じ研究者は**仲間にウインクしたり、ほめたりすることでも幸福度が向上する**ことを明らかにしているそうだ。直感的に考えても、ハグやウインク、相手をほめるといった行為は、良好な人間関係の構築に寄与し、幸福度を上げてくれるとわかるだろう。だが、ハグの効果はそれだけではない。日常的にハグをすることにより、病気に対する抵抗力が高まる、という驚きの研究もあるのだ。18歳から55歳までの406人をサンプルに風邪ウイルスへの感染のしやすさを調べた研究（Cohen et al. 2015）を見てみよう。この研究では事前調査で被験者の人間関係のトラブルやハグを受けた回数を調査した上で、鼻の粘膜を人工的に風邪ウイルスにさらし（!?）、経過を観察した。その結果、**ハグをされた日数が多い人ほど、風邪への感染リスクが低く、罹患したとしても症状が軽かった**という。社会的に良好な人間関係がストレスを軽減し、抵抗力や自然治癒力に影響を与える現象を「ストレスバッファ効果」というが、ハグにも同じような効果があることが示唆されたのだ。

ハグをする相手のいるリア充はより幸せになり、風邪への感染リスクも低く、罹患したとしても症状が軽い。反転すると、ハグをする相手のいない人はより不幸になり、風邪への感染リスクも高く、罹患してしまえば症状が重い。しかも！　看病してくれる人もいない！　**は？　これはもう、深刻な格差社会と言ってもいい**のではないでしょうか？　革命だ。革命が必要だ。絶対に許さない。

＊1……邦訳は『幸せがずっと続く12の行動習慣』（日本実業出版社）

幸福な体験を誰かとシェアする

やること
①おいしいものを食べる、好きなドラマを見るなど自分が喜びを持てる活動をリストアップする
②誰かを誘い、リストの中からアクティビティを一つ選び、一緒にやる

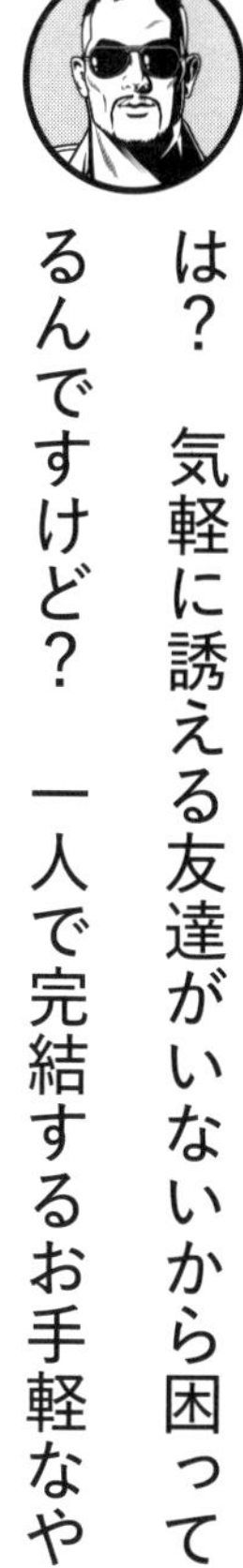

は？　気軽に誘える友達がいないから困ってるんですけど？　一人で完結するお手軽なやつがほしいんですけど？　は？

すまない。またまた心の声が漏れてしまった。友達に会うのは3カ月に1回あるかないか程度という友達少ないマンなのでつい……僕のメインの遊び相手はダンベルとバーベルです！　ダンベル！　バーベル！　好きだ！

体験を共有すると喜びがブーストする

一人で過ごす時間がないとストレスで死んでしまうタイプの一人大好き人間である俺はあまり認めたくないのだが（ただ友達がいないだけじゃんとか言うな！）、誰かと体験をシェアすることで、喜びの感情が増幅するという研究がある。

23人の大学生を対象にした実験（Boothby et al. 2014）を見ていこう。この実験では被験者は別途用意された実験協力者とペアを組み、2つのチョコレートと小冊子を受け取った。その上で、被験者にはわからないように以下の4つのシチュエーションが起きるように実験が組み立てられた。

ケース1　被験者がチョコ①を食べている時、協力者は小冊子を読む
ケース2　被験者がチョコ②を食べている時、同時に協力者もチョコを食べる
ケース3　被験者が小冊子を読んでいる時、協力者はチョコを食べる
ケース4　被験者が小冊子を読んでいる時、同時に協力者も小冊子を読む

チョコ①とチョコ②は同じカカオ70％のチョコレートバーから切り出しており、全く同じ味のものだった。だが、**被験者たちは協力者と同時にチョコを食べた時（ケース2）のほうが、チョコレートがおいしく、風味もよかったと回答した。**そして、協力者の行

動が味に影響したか、という質問については74%の被験者が影響ゼロだと答えた（ちなみに、ケース3とケース4は被験者に実験の目的を悟られないために設計されている）。つまり、人は知らず知らずのうちに一緒にいる人の行動に影響を受けるし、誰かと一緒に体験をシェアしたほうが喜びは増えるということだ。

「誰もいない森で木が倒れたら音はするのか？」という哲学的な問いがある。音はそれを聞く人間が認知して初めて音として存在する。つまり、聞く人がいなければ音はしない、と主張する人たちがいる。体験のシェアもこれに似ている。あなたがおいしいと感じている感情を誰かが認知することで、あなたの感情は初めて輪郭を持ち始めるのだ。安心してくれ。「Testosteroneさんはなんて博識で賢いんだろう……好き……」って思われたくて無理やり哲学的な問いを引用したんだけど、**自分でも何を言ってるのかよくわかってない。**

ちなみに、注意してほしい点もある。同じシチュエーションで「とても苦いチョコ」を使って実験したところ、**人と同時にチョコを食べた被験者のほうが、別々にチョコを食べた被験者より感じる苦痛が多かった**そうだ。「2人なら喜びは2倍、悲しみは半分」という言葉があるが、苦いチョコの場合は苦しみも2倍になってしまったようだ（笑）。

人と一緒に過ごす時間を増やす

やること
①１日のうち、人と一緒に行動する時間を意識的に増やす
②人と過ごすのが好きな人もいれば嫌いな人もいるので、人と過ごす時間を増やしたり減らしたりしながら自分の特性を学習できるとなお良し

家族を大切にしろ。友人を大切にしろ。世話になった人を大切にしろ。知り合いを大切にしろ。彼／彼女たちに不義理は働くな。金と自分の力で大抵のことは解決できるが、最後の最後、ドン底にいるあなたを救ってくれるのは人の温情だ。人は想像以上に優しく温かい。人を大切にできない奴は幸せをつかめない。

人とのつながりは幸福の一丁目一番地

幸福について書かれたあらゆる文献で言及されているのが、他者とのつながりの重要性だ。本書で取り上げた「挨拶」「親切」「宗教」（208ページ）などが幸福度を上げるのも、それらの行為が人とのつながりや社会的な絆を強化する側面を持っているからである可能性が高い。ここでは、幸福と人間関係の関連についての研究をいくつか紹介したい。

222人の大学生を生活満足度やポジティブ感情とネガティブ感情のバランスなどを用いてスクリーニングし、幸福度が高い上位10%の被験者を他のグループと比較した研究（Diener et al. 2002）によると、**幸福度が高いグループは一人で過ごす時間が少なく、充実した満足のいく対人関係を持っている一方、幸福度が低いグループは家族や友人に不満を持っていた**という。

さらに、人と一緒に過ごすことが幸福度アップに貢献することは次のような研究でも示されている。625人の被験者を対象に、1日の間に起きた出来事を振り返り（「何をやっていたか」「誰とやっていたか」など）、食事、通勤、仕事などそれぞれの行動をしている時の感情を評価してもらった調査（Dolan et al. 2009）によると、**誰かと一緒に時間を**

過ごしていると、仕事をしている時でさえ幸福度が上がり、特にテレビを見たり、食事をしたりといった活動をする時はより大きく幸福度が向上するという。研究者らは「気の合う人と一緒に活動すると、より高い快楽とやりがいを得られる傾向がある」と結論づけている。

人間関係がうまくいっていれば幸せなんてことははっきり言って当たり前なので、孤独の危険性についても触れておきたい。孤立や孤独が心身の健康に悪い影響を与えることは研究でも明らかになっており**「つながり」が少なく、孤独感を持っている人はそうでない人に比べて26％死亡リスクが高い**というメタアナリシス（Holt-Lunstad et al. 2015）が出ているほどだ。「望まない孤独」は少子高齢化が進む先進国では特に深刻な社会問題になっており、日本でも2021年に入り、イギリスに次いで世界で2番目となる孤独・孤立対策担当大臣が誕生したばかりだ。

もちろん、一人が好きだという人もいるだろうし（俺もそうだ）、すべての活動を人と一緒にやる必要はない。だが、良好な人間関係を構築し、多くの時間を誰か（気の合う仲間や大好きな家族なら最高だ）と一緒に過ごすことは、ほぼ確実にあなたを幸せにするということは覚えておいてくれ。

悪い人間関係を断つ

やること
①悪い人間関係を迷うことなく完全に断つ
②物理的に離れられなければ心の中で「ブロック」する

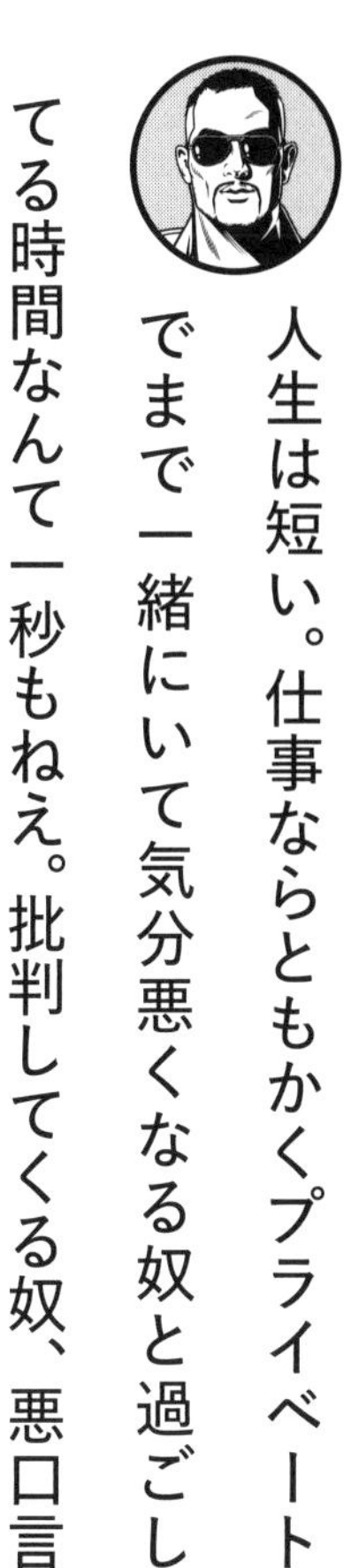

人生は短い。仕事ならともかくプライベートでまで一緒にいて気分悪くなる奴と過ごしてる時間なんて一秒もねえ。批判してくる奴、悪口言う奴、噂話する奴、見下してくる奴、理由は知らんけど一緒にいるとテンション下がる奴との関係ぶった切ってみろ。悪い人間関係の断捨離ほどスッキリするもんはない。

質の悪い人間関係はあなたの寿命を縮める

「史上最も長期にわたる研究」と言われるハーバード大学の調査がある。10代から20代の男性724人を70年以上追跡し、仕事や家庭生活や健康などについて定期的に調べた超貴重な研究だ。2010年時点でこの研究をまとめたレポートによると、幸福度が高かった上位10%と、そうではない下位10%を比較した結果、両者の最大の違いは人生の中で家族、友達、社会などと「温かい人間関係」を築くことができたかどうかだったという。だが、その人間関係も「あればいい」という種類のものではないようだ。現在も続くこの研究を指揮するウォルディンガー教授はTEDトークの中で「大切なのは友人の数ではなく、身近にいる人たちとの人間関係の質である」と述べている。

質の悪い人間関係が災厄をもたらすことは研究でも裏付けられている。仕事や職場環境と死亡リスクの関連について、平均年齢41・6歳の820人を20年間追跡調査した研究（Shirom et al. 2011）によると、被験者の寿命に影響を及ぼしていたのは勤務時間や仕事の負荷、権限の大きさなどではなく、一緒に働く人たちの態度が協力的、友好的だったかどうかだった。逆に言えば、敬意のない、敵意を持った人たちと一緒にいると寿命が縮まってしまう可能性があるのだ。

幸せに生きるためには「どうやって過ごすか」ももちろん大事だが、「誰と過ごすか」も同じぐらい重要だと言える。人間関係には心理的安全性［＊1］が高く、互いに頼り合える良い関係がある一方で、心理的安全性が低く、互いに足を引っ張りあい傷つけあう悪い関係もある。悪い人間関係に囚われていると、あなたの自尊心はすり減り、心が休まらずストレスが溜まり、幸福度が下がってしまう。それだけじゃない。悪い人間関係があなたの時間を独占することによって、良い人間関係がもたらす成長や人生の楽しみを味わう機会が奪われてしまうのだ。

自分を大切にしてくれない人、他者に敬意を払えない人が近くにいたら友人だろうが親だろうが職場の同僚だろうが関係ない。一刻も早く離れよう。物理的に離れることが難しければ、その人を心の中で「ブロック」してしまうのもいい。その人の言動は正面から受け取らないと決め、冷めた目で観察しつつ最低限のお付き合いをしてやり過ごすのだ。そうして自分の心を守りつつ、物理的に離れる準備が整ったら音速で離れてやればいい。悪い人間関係は命を削り取る死神みたいなもんだ。全速力で逃げよう。

＊1……チーム研究の第一人者であるハーバード大のエイミー・C・エドモンドソン教授が提唱した概念。簡単に言うと「このメンバー内では遠慮なく発言しても嫌われたり排除されたりしない」という安心感のこと

第4章

人間関係(ソーシャル)に投資する

著者の一言

㉗「挨拶の輪」を広げる

この間知らない人を知人と間違えて挨拶したらすごい変な目で見られたので、しばらくトラウマです。

㉘許す

イヤな記憶とか勝手に忘れていくタイプなので、そもそもあまり覚えてないです。

㉙残業をやめる

よっぽどのことがない限りはしません。仕事のために人生があるんじゃなくて、人生のために仕事があると心から思っています。

㉚毎日5回ハグする

エビデンスは見つけられなかったんですけど、一人ハグでも効果アリという話をちらほら聞くので一人ハグをします。。。(悲しみが倍増する気がする)

㉛幸福な体験を誰かとシェアする

おひとりさまで過ごすことが圧倒的に多いので、善処します！

㉜人と一緒に過ごす時間を増やす

人は好きですけど、ある程度の一人時間がないと疲れてしまうタイプです。まあ、エビデンスはあくまで傾向。合わないやつもそりゃあります。

㉝悪い人間関係を断つ

断ちに断ちまくっています。達人の域です。

第5章

健康を死守する

「車は買い換えられるが、
肉体と精神は替えが効かない。
君たちは与えられた肉体と精神を
一生運転し続けるんだ」
——ウォーレン・バフェット
（90歳を超えてなお現役の投資の神様）

毎日5000歩以上歩く

やること
①スマホやスマートウォッチの歩数計機能をONにする
②雨が降ろうが槍が降ろうが1日最低5000歩という数字を死守する

新しいことに挑戦する時に最も大切なのは体力とフレッシュな頭脳だ。運動は体をタフに保つだけでなく、脳もシャープに保つという研究結果がたくさんある。運動はストレス対策にもいい。ストレス大国日本で生き抜くには運動が必須だ。本当は筋トレしてほしいけど、百歩譲ってお散歩でもいいから体を動かそう。

じっとしている人は不幸になりやすい

皆さん、歩いてますか！　コロナのせいで在宅エンジョイ技術が高度に発達してしまい、外出することが減ってしまったという人も多いのではないだろうか？　YouTubeやNetflix等、楽しいコンテンツが自宅でいくらでも楽しめてしまう時代なので、家で過ごすことが多くなってしまうのもわかる。だがしかし！　心身の健康のために最低限の運動量だけは確保しておくことをおすすめする。人間も動物なので、体を動かしてやらないと心身ともに調子が悪くなり、幸福度が落ちてしまうのだ。それを証明する研究をいくつか見ていこう。

スマートフォンアプリの加速度計を使い、1万人以上を対象に身体活動と幸福の関係について調査した研究（Lathia et al. 2017）では、**身体的に活動的な人ほどより幸福であり、普段よりも活動的に過ごした日のほうが、生活満足度が高くなる**、という結果が出たという。ところで、「身体的活動」というのは、必ずしもランニングや筋トレといった本格的な運動である必要はないらしい。家事や仕事といった運動以外の身体活動も幸福に関連することが示唆された、と研究者が指摘していることにも留意しておこう。家事や外回り営業なんかも、立派な運動なのだ。

　また、ミシシッピ大学のグループが18歳から35歳の成人26人を対象に１週間、運動をさせず、１日当たりの歩数を５０００歩以下に抑えてもらう、という実験をしたところ(Edwards et al. 2016)、**特に制限をしなかった比較対象グループと比べ、生活満足度が31%も低下してしまった**という。さらに、**毎日の平均歩数が５０００歩を切ると、不安や気分の落ち込みなどの症状が表れる**こともわかった。要するに、人間はじっとしていることが不得意な生き物なのだ。歩くという比較的誰にでも行える動作が、幸福度や満足度に大きな影響をもたらすのだから歩かないのは本当にもったいない。最近はスマホに歩数計機能がついているものも多い。５０００歩は超えられるように意識してみよう。

　個人差はあるものの、目安として１０００歩は約10分、距離にして６００～７００メートルに当たる。ランチで少し遠出する、１駅手前で降りて歩く、といった程度のことでかなり歩数が稼げるはずだ。ちなみに俺が最もおすすめしたいのは朝散歩だ。起床後1時間以内を目安に朝日を浴びながら15～30分程度お散歩をすると、幸せホルモン「セロトニン」が分泌され、体内時計が整い、日中はハッピーかつシャキッと過ごせて、夜は睡眠の質が上がる。晴れた日にする青空を見ながらの朝散歩とか、最高に気持ちが良いのでぜひ試してみて！

7時間寝る

やること
①1日24時間という常識を捨てる
②1日17時間という新常識を採用する
③17時間生きて、そして寝る。それを永遠に繰り返す

メンタル不安定→寝ろ　体調不良→寝ろ
疲れやすい→寝ろ
ストレス過多→寝ろ　集中力がない→寝ろ
痩せない→寝ろ　健康維持→寝ろ
パフォーマンス上げたい→寝ろ
生活リズム狂った→寝て起きろ(定時に)
睡眠は無料で摂取できる最強にして最高のサプリメントです。毎日最低でも7時間前後は寝ましょう。

睡眠は最も手軽で大切な最強の自己投資である

睡眠不足が様々な病気やメンタルの不調につながることは多くの研究からわかっているし、ニュースやネットメディアなどでも盛んに取り上げられているので皆さん既にご存じだろう。ここでは、さらに一歩進んで「質、量ともに充実した睡眠によって人がいかに幸せになるか」について考えてみたい。

オックスフォード・エコノミクスとイギリス国立社会調査センターは、英国人８２５０人に60項目の質問を行い、人々の幸福度指数を１００点満点で測定した（The Sainsbury's Living Well Index 2017）。この調査の中で、**雇用の安全性、性生活への満足、地域社会とのつながり、家族の健康、可処分所得など幸福に関連のありそうな18の要素を比較したところ、最も幸福度との関連が深いのは「睡眠の質」という結果が出た。**幸福にとって重要そうに見える他のどんな要素よりも、睡眠の質のほうが影響力は大きいのだ。「睡眠の質」というのは要するに「ぐっすり眠れたか？　疲れが取れたか？」ということで、**トップ20％の幸福度が高いグループの60％以上は睡眠後に「よく休めた」と答えたのに対し、下位20％のグループでそう答えたのは５％未満だった**という。因果関係がはっきりしているわけではないが、幸せな人ほどぐっすり眠っている様子がうかがえる。さらに、

16歳以上の3万594人を被験者とし、4年間にわたって睡眠と幸福の関係について調べた英国ウォーリック大学の研究（Nicole et al. 2017）でも**①睡眠量の増加②睡眠の質の向上③睡眠薬使用量の減少――のいずれもが、一時的ではあるものの、幸福度の向上に寄与している**ことがわかったそうだ。

「良質な睡眠を十分にとると幸せになれる」。そんなこと言われなくてもわかってるよと思うかもしれないが、OECDによると、日本人の睡眠時間は先進国の中でもワースト1位の短さだという。睡眠の大切さはどれだけ繰り返しても足りないし、まだまだ啓蒙が行き届いていないという現実があるのだ。「忙しくてそんなに寝れないよ」という意見もわかる。わかるが、端的に言って、あなたの健康と幸福を考えると睡眠より優先すべきアクティビティなどこの世に存在しない。そこで、おすすめしたい考え方がある。1日を24時間ではなく、睡眠に費やす7時間［＊1］を差し引いた17時間と考えるのだ。1日が24時間もあると考えるから時間配分が複雑になり、睡眠時間が犠牲になる。そもそも睡眠時間の7時間はないものと考えて、17時間の枠内で時間配分をしよう。睡眠は幸福度のみならず、集中力や記憶力といった脳のパフォーマンスも引き上げてくれるので、短い時間の中でもより充実した人生が送れることを約束しよう。さあ、寝よう。

＊1……米国立睡眠財団が18~64歳の人に推奨する睡眠時間

週に10分
運動する

やること
①週1回10分からでいいので、運動をする
②既に運動を定期的に行っている人は、WHOのガイドライン（後述）をクリアできるようにする

思い悩み過ぎて何もしたくない。家から出たくない。人間誰しもそんな時がある。しかし！そんな時に一番したらダメなのがまさに「家でクヨクヨ悩む」という行為である。巧妙な罠に引っ掛かるな。無理やりにでも体を動かせ。ジョギングでも筋トレでもいい。とにかく最低10分体を動かしてみろ。魔法のように気が楽になる。

運動は最初の10分がゴールデンタイムだった

いきなりですが、どれぐらい運動するのが理想なのかをお伝えしますね。

WHOのガイドラインでは、18～64歳の人は中程度の有酸素運動なら週150～300分、高強度の有酸素運動なら週75～150分行った上、すべての主要な筋肉群を使った筋トレを週2回実施することを推奨しています。

はい。わかります。「そんなに運動できるかい！　わしゃ疲れてるしそんなに暇じゃねえ！」と思いますよね。そんなあなたに朗報があります。実は週にたった10分運動するだけで、十分に効果が見込めるという研究結果が出ているのです。1980年以降に発表された運動と幸福についての1143の研究から23の研究を抽出して分析したシステマティックレビュー［＊1］(Chen et al. 2019) によると、次のことがわかったそうだ。

・すべての観察研究が運動と幸福に正の関連があることを報告している

・**週に10分の運動を行うと、幸福になる確率が大幅に上がる可能性がある**

・高齢者やがんサバイバーを対象とした研究では、有酸素運動とストレッチ／バランスエクササイズの両方が幸福度の向上に効果的だった

・週に1日運動する場合と、週に1日も運動しない場合では、幸福度に有意差がある

・週に150～300分激しい運動をする人と、週に300分以上激しい運動をする人では、幸福度に差はなかった

・週6回、計540分の激しい運動をするTestosteroneは、筋トレ時間を減らすと筋肉とダンベルが悲しむ気がするので今後も運動時間を短縮するつもりはない

（Testosteroneによるシステマティックレビュー）

10分間ジョギングをするとか、ラジオ体操やストレッチで軽く体を動かすといったほんのちょっとの運動でも、幸福度を上げるという面では十分に意味があるのだ。また、運動が幸福度を上げる効果にはどうやら閾値（いきち）（境界となる値）があるようで週に150分を超えると、幸福度には変化がなかったという。さらに、**筋トレを1セットやるグループと3セットやるグループでは、13週間後の筋力や筋持久力の向上に有意な差がなかった**という研究（Hass et al. 2000）も示すように、運動においてはあらゆる意味で「最初の1セット」が最重要だと言える。つまりゼロをイチにすること、週に10分でいいから動き始めることにとてつもない意味があるのだ。どんなエクササイズも、やらないエクササイズに劣ることは絶対にない。レッツ　エクササイズ！

＊1……エビデンスの質を精査した上で複数の論文を選び出し、データを総括して評価した研究。メタアナリシスと並んでエビデンスレベルが最も高い

5分間、
自然の中で過ごす

やること
①Googleマップを開く！
②半径1km以内にミドリっぽい塊がないか探す！
③それは木だ！　林だ！　森だ！
④ミドリの塊まで歩いていき、その場で5分ほどチルする

メンタルが不安定だったり落ち込んでるけど、人に相談する気分じゃなかったり運動する元気すらないって時あるじゃん？　そんな時は自然と触れ合おう。自然の中にいるだけで、なんなら自然を見るだけで気持ちが前向きになり自尊心が向上することが研究でわかっています。公園でお散歩とか、海を眺めるとかでいいです。

「グリーンエクササイズ」の驚くべき効果

近年、自然の中で過ごすキャンプがブームになっている。自然に触れ合うことでストレスが解消されたり、幸福度が上がったりすることがみんな感覚的にわかっているからだろう。実際、自然の中で活動することは「グリーンエクササイズ」と呼ばれ、科学的にも効果が実証されているのだ。まず、英国のエセックス大学が１２５２人の参加者を含む10の研究を対象にして行ったメタアナリシス（Barton et al. 2010）を紹介しよう。自然が豊富な環境でウォーキングやサイクリングなどを行った時のメンタルへの影響を調査した結果、**自然の中で体を動かすと、開始5分で気持ちが前向きになり、自尊心が改善する**ことがわかった。また、**ビーチや湖畔など、水のある環境がより高い効果を発揮する**という。エクササイズにはガーデニングや農作業なども含まれ、活動内容の違いとメンタル改善効果に有意な差はみられなかったそうだ。別の英国の研究（MacKerron et al. 2013）では、スマートフォンのＧＰＳ機能とアプリを使い、被験者の居場所と主観的幸福度の変化を調べた。２万人以上の被験者から１００万件以上の回答を集めて分析した結果、**人々は都市的な環境にいる時よりも、自然に囲まれている時のほうがより幸福を感じる**ことがわかったという。

なんでもいいから自然の中で体を動かすこと（水を感じられる場所ならさらにgood）で幸福度が増し、しかも開始5分でその効果が表れる、というのだから自然のパワーは侮れない。さらに、郊外の山や海まで出かけなくても、**街路樹や公園など都市の中にある緑でも十分に効果が見込める**という研究結果（松葉ら 2011）もある。忙しくてなかなか時間が取れない、という人は通勤や通学ルートを少しだけ変えて、公園の中を通るようにする、といった程度でも効果が見込めるだろう。もっと言うと、**自然の写真を5分間見るだけで呼吸に伴う心拍数が低下した、という研究**（van den Berg et al. 2015）もある。人間の脳は自然が大好きで、たとえ画像でも自然を感じるだけで心が安らいじゃうようだ。最近では街中に緑が多かったり、ビルの中にガーデンが併設されていたりするが、それらは「人々の幸福度を上げたい」「少しでもリラックスしてほしい」という都市開発者やビル設計者の優しい思いの表れなのだ。俺なんて、それを考えるだけでも自分の周りは優しさにあふれていることが感じられて幸せになっちゃうな（単純）。

自然の良さはわかってもらえたと思うので、さっそく今週末にでも自然と触れ合ってみよう！　グリーンエクササイズは無料のセラピーみたいなものだ！　利用しないともったいないよ！

スポーツジムに入会する

やること
①家の近くのジムを調べる
②見学に行く
③入会する
④筋トレする
⑤幸せになる
⑥やったね！

「ジム行くの面倒だなぁ」と思うことはあっても、実際ジムに行ってみて「やっぱ来なけりゃよかったな」と思う確率は0％です！　むしろ100％来てよかったと思うしハッピーになれます！　ジムに行くかどうか迷ったら行くのが常に正解です！　翌日も心地よい筋肉痛がきてハッピーが持続！　控えめに言って最高。

ジムの月会費ほどコスパのいいものはない

「経験を買え」のところでも触れたように、何にお金を使うかは人々の幸福度を測る上で重要な指標になるようだ。

ウィスコンシン大学で進んでいる研究（DeLeire et al. 2010）では、50歳以上の成人が、電化製品や家賃、アルコール飲料、アート作品に至るまで、何にどれぐらいお金を使ったかを追跡している。支出の選択先と幸福度の関係について見てみると、**幸福度に有意な好影響をもたらした支出は「レジャー」（旅行、映画、スポーツイベント、ジムの会員権などの余暇を指す）だけだった**という。**多くのお金をレジャーに使う人々のほうが、人生に対する満足度が明らかに高かった**のだ。家賃や食費と比べればレジャーに使うお金などたかが知れているはずだが、ハッピーな人生を送るためのインパクトは極めて大きいようだ。

研究者たちは、レジャーが幸福度に大きな影響を与える理由の一つとして、余暇を通して社会的つながりが得られることとの関連が大きいのではないかと推測している。何があっても温かく迎えてくれる場所や人がいるということは、生きていく上ですごく大切だという意見に異論のある人はいないだろう。アメリカの都市社会学者であるレイ・

オルデンバーグが提唱したサードプレイスという概念がある。自宅（ファーストプレイス）でも職場・学校（セカンドプレイス）でもない、自分にとって心地の良い時間を過ごせる第三の居場所という意味だ。ストレス社会と言われる日本でも、ストレスを軽減して幸せな人生を歩むためにサードプレイスを持つことが大切ですよ、という議論はたびたびなされている。そこで、スポーツジムである！

家族とうまくいっていなくても、恋人や友達に裏切られても、仕事で失敗してしまっても、何があろうとジムに行けばダンベルちゃんと受付の人が温かく迎えてくれる。**ダンベルちゃんと受付の人は裏切らない**のだ。しかも、通い続けていればジム友までできちゃう。しかもしかも、通い続ければ続けるほど理想の肉体に近づき、健康になり、脳機能が向上し……運動の効能は別の項でも触れているのでこの辺でやめておくが、とにかくスポーツジムのコストパフォーマンスは半端じゃないのだ。俺に言わせたらこれ以上に理想的なサードプレイスはない。筋トレはちょっと……って人はヨガ教室やダンス教室にマラソン同好会、運動が苦手……って人は囲碁将棋クラブやお料理教室でもいいね！

歯のメンテナンスをする

やること
①食後の歯磨きを欠かさない
②デンタルフロスや歯間ブラシも活用する
③定期的に歯医者に行く

歯磨きは歯のメンテナンス、筋トレは体のメンテナンス、いずれも広義の意味では自身の健康のメンテナンスである。歯や体は一つしかない上に修理も買い替えもできない。日頃からメンテナンスしておかないと100％後悔する。逆に、日頃からメンテナンスしておけば心身の調子は良くなるし末永く幸せに暮らせる。レッツ歯磨き！　レッツ筋トレ！

芸能人は歯が命！　一般人も、歯が命！

心身の健康は失った時に初めてその尊さに気づく。お口の健康も同じだ。口内炎ができたり、虫歯が痛んだりするだけで日々の幸福度がだだ下がりになった、なんて経験がある人も多いだろう。逆に口内を清潔にして健康を保っていれば、それだけで気分がさわやかになる。幸福とお口の健康が密接に関連していることは研究でも明らかになっている。

口内の健康状態と幸福度との関連を調べた研究(Dumitrescu et al. 2010)を見てみよう。この研究では、ルーマニアの歯科医学生178人を対象に、口腔内の健康状態や口腔衛生ケアの実施状況（1日何回歯を磨いているか、等）と幸福度やモチベーションとの関連を、質問状を使って調べた。すると、**幸福度や生活満足度が高かった学生は歯肉の状態を非常に良い（very good）／優れている（excellent）と報告する傾向があった**という。また、**検診のために歯医者を訪れる人のほうがそうでない人より幸福度が高く、1日2回以上歯磨きをする学生は、1日1回以下しか歯を磨かない学生と比べ、目的を達成するモチベーションが高い傾向があった**そうだ（目的達成のモチベーションが高いから1日2回以上歯磨きできているとも言えそうだが……笑）。研究者らは「良い口腔内の状態は高い生活満足度の予測因子とみなすことができる」と結論づけている。

歯の健康は現在だけでなく、将来の幸福度にも影響する可能性があることも見逃せない。広島県呉市に住む65歳以上の高齢者３８８０人を対象に、歯の欠損と生活満足度との関係を調べたアンケート調査（吉田ら 1995）によると、**残存する歯が少ない人ほど、「生活の満足感」について不満と回答する人の数が有意に多かった**という。こういった研究結果を受けてかは知らないが、厚生労働省と日本歯科医師会も80歳以上で20本以上の歯を保つ「８０２０運動」に力を入れている。俺自身、ご年配の方とのお付き合いが多いのだが、自前の歯を失い、入れ歯を使用し始めた人の食欲がガクッと落ちるのを何度も目にしてきている。食べることは生きることだ。食べられなければ弱ってしまうし、歯のコンディションの悪化によって本来は幸せな活動であるはずの食事が楽しめなくなれば、幸福度に悪影響を及ぼすことは容易に想像できる。

１日２回以上歯を磨く、定期的に歯医者に行く、といった行動は自分の選択次第で簡単に実行できる。小さな行動を続けるだけで、未来の幸福を守るお得なアクションなので、積極的に取り組んでいこう。人生１００年時代。80歳になっても、90歳になっても、いつまでも自分の歯で分厚いステーキ食らうのを目標にやっていきましょう！

朝型人間になる

やること

①起床時間を固定してしまう（週末も平日も関係なし）
②朝起きたら太陽の光を浴びることを習慣にする
③朝のお散歩を習慣にする
④エブリデイ気分爽快間違いなし！

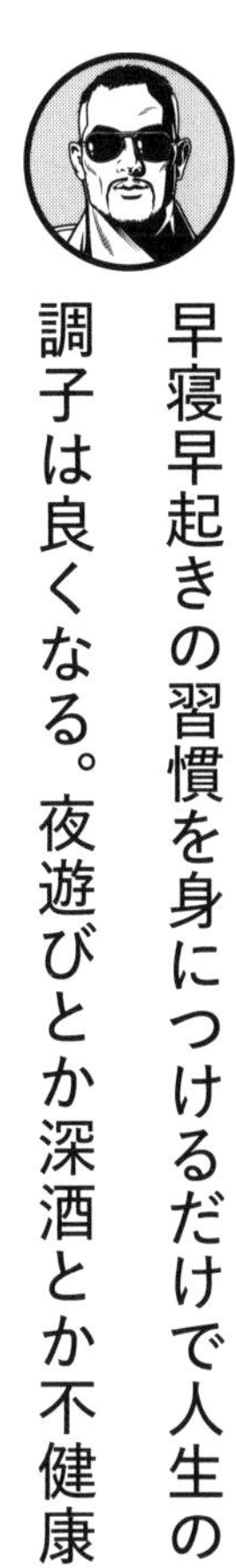

早寝早起きの習慣を身につけるだけで人生の調子は良くなる。夜遊びとか深酒とか不健康な習慣って夜に多いんだけど、それらが入り込む隙間がなくなり、定時睡眠定時起床をすることにより睡眠の質が上がりホルモンバランスと自律神経が整い心身の健康が保てるとともに情緒も安定し、さらには脳機能が向上しハイパフォーマンスを発揮できるようになる。

早寝早起きしろ。話はそれからだ

朝の時間を正しく活用することで人生は確実に豊かになる。起きてすぐに朝日を浴びると体内時計がリセットされて生活リズムが整うし（夜にはよく眠れるようになり、朝にはスッキリ目覚められるようになる）、朝は誰も活動していないので煩わしいメールや電話で自分の集中したい活動を邪魔されることもない。考えごとをしたり、クリエイティブな作業をしたりするのに、これ以上に適した時間帯はないと言ってもいい。成功した起業家やアスリートに朝型が多いことは有名だが、朝型人間はパフォーマンスが高いだけではなく、どうやら夜型人間よりも幸せであるということが研究からわかってきている。

概日リズム（≒体内時計）と健康や幸福度との関係を調べた研究（Lane et al. 2019）を見ていこう。この研究では、遺伝子検査サービスを利用したイギリス人とアメリカ人約69万人のデータを解析した。すると**「自分は朝型である」と自己申告した人たち（「私はどちらかというと朝型である」といった質問への回答によって分類している）は主観的幸福度が高く、統合失調症やうつ病とは負の相関がある**という結果が出たという。

あらゆる年齢において、朝型の人のほうが幸福であることを示唆する研究もある。トロント大学の調査（Biss et al. 2012）では17〜38歳の435人と59〜79歳の297人の2つのグループに対し、起床時間や就寝時間、目覚めてから30分間の精神状態などを質問して朝型−夜型のタイプをスコア化。感情や主観的な健康との関連を調べた。すると、**いずれのグループにおいても朝型の人のほうがより多くのポジティブ感情を経験している傾向があり、主観的健康とも正の関連があった**そうだ。

さあ！　みんな朝型人間になろう！　と言いたいところだが、概日リズムの研究によると、遺伝子型によってどうしても朝型になれない人はいるし、社会のルールは基本的に朝型の人に合うようにできているために、朝型の人の幸福度が高くなるのではないかという指摘もある。なので、無理に朝型になる必要はない。だが、仮にあなたが朝に弱いわけではないにもかかわらず、夜遅くまで深酒をしたり、スマホゲームで遊んでしまったりして、睡眠時間を削ったり、生活リズムを崩してしまっているのであれば、どうか生活を朝型にする努力をしてみてほしい。そして、遺伝子的に朝に弱い人は、朝型人間になる必要はまったくないので、良い睡眠の大原則である7〜8時間睡眠を徹底して守るように心掛けよう。睡眠、マジで大切です。

野菜や果物の消費量を増やす

①野菜や果物をたくさん食べる（理想は1日560ｇ）

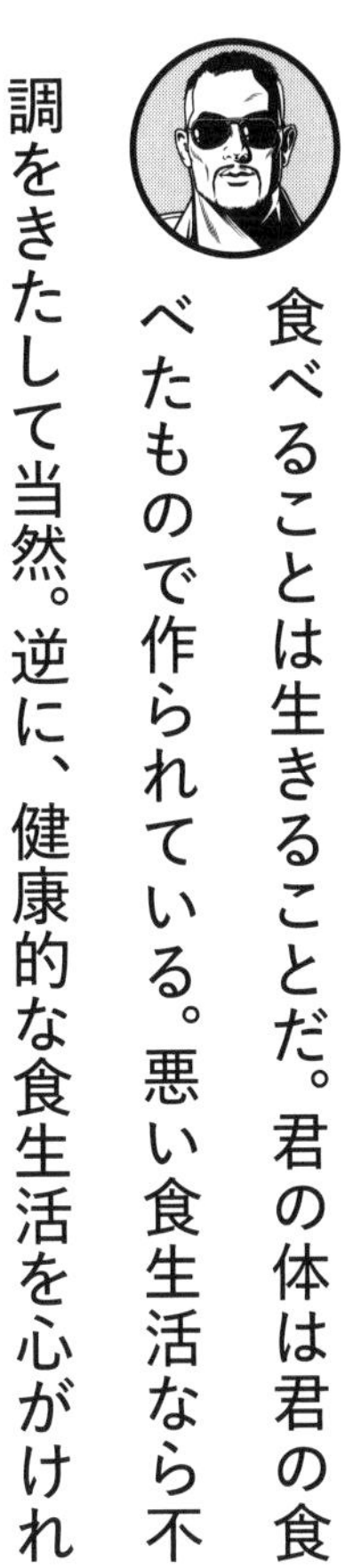

食べることは生きることだ。君の体は君の食べたもので作られている。悪い食生活なら不調をきたして当然。逆に、健康的な食生活を心がければ肌質や髪質、筋肉量や体脂肪率を含めたありとあらゆる領域に好影響がある。悪い食生活は自分で自分を雑に扱うことに等しい。良い食生活は自分で自分を大切に扱うことに等しい。

フルーティーでベジタブルな生活が医者も憂鬱も遠ざける

正しい食生活が体にいいことは誰でも知っている。ただ、若いうちは食生活が乱れたからといってすぐに体調が悪くなるわけではないので、ついついファーストフードやコンビニ弁当で済ませてしまう、という人も多いだろう。だが、食生活は比較的短いスパンであなたの幸福度を左右する可能性があることが少しずつわかってきている。

15歳から93歳のオーストラリア人を対象に行われた大規模調査をもとに、食生活と幸福度の関連について分析した調査(Mujcic et al. 2016)を見てみよう。この調査では人口動態などを考慮した1万2385人をサンプルに抽出。「缶詰、冷凍、乾燥、新鮮な果物を含めて、通常の週に何日果物や野菜を食べますか?」「果物や野菜を食べる日に、通常どれぐらいの量を食べますか?」といった質問への回答と幸福度や生活満足度との関連を調べた。すると、果物と野菜の合計消費量が増えると生活満足度が向上する傾向がみられ、その効果量は失業者が就職した際の満足度の増加と同程度だったという。そして、そうした幸福度の向上は食生活の変化から概ね24カ月以内に起こっていたそうだ。我々の体は新陳代謝によって毎日少しずつ細胞が入れ替わっており、最も早い腸管の上皮細胞で3~4日、最も長い骨でも2~5年で入れ替わると言われている。その意味でも食生活の改善から24カ月以内に幸福度が向上するという現象は納得感があると言えるだろう。

また、平均19・9歳の被験者281人を対象に行われた21日間の追跡調査（White et al. 2013）でも、**果物や野菜を多く食べた翌日はポジティブな感情を経験することが多い傾向がみられた**という。さらに結果を解析したところ、**果物や野菜を1日約7〜8サービング摂取すると（1サービングは約80g）、ポジティブ感情への影響に有意な差がみられた**そうだ。野菜や果物の消費が増えると幸福度が上がるメカニズムについてはまだはっきりしていないが、研究者らは「（幸せホルモンと呼ばれる）セロトニンの産生に対するビタミンB1、B2の潜在的影響や葉酸欠乏症への効果などが関連している可能性がある」としている。葉酸もビタミンB群の一つなので、野菜をとることで多くの効果が期待できそうだ。また、肉類に含まれるトリプトファンはセロトニンの材料にもなるので、良い子のみんなは肉・魚・乳製品等でたんぱく質を摂取することも忘れないようにしよう！

本書では様々な「幸せになる技術」を紹介しているが、どんな技術があっても、土台にしっかりとした食生活、十分な睡眠、適度な運動という生活習慣がなければ幸福は成り立たない。さあ、**フルーティーでベジタブルな生活**を送ろうではないか！

第5章
健康を死守する

著者の一言

㉞毎日5000歩以上歩く
毎朝お散歩しているのでクリア！

㉟7時間寝る
僕は７時間では足りないタイプのようで、８～９時間は寝てます。

㊱週に10分運動する
600～800分やっている俺に死角はない。

㊲5分間、自然の中で過ごす
毎朝のお散歩コースに緑が入るようにしてます！

㊳スポーツジムに入会する
知ってる。やってる。

㊴歯のメンテナンスをする
２カ月に１回、クリーニング＆検査が習慣です！

㊵朝型人間になる
この原稿を書いている現在、4:30amです。

㊶野菜や果物の消費量を増やす
毎日フルーツと野菜を食べています！

第6章

自尊心を育てる

「人に大切なのは、
自信を持つことだ。
私が孤児院にいた時、
腹をすかせて街をうろついて
食いものをあさっていた時でも、
自分では世界一の
大役者ぐらいのつもりでいた。
つまり勝ち気だったのだ。
こいつをなくしてしまったら、
人はうち負かされてしまう。」

——チャールズ・チャップリン
(喜劇王と呼ばれたイギリスの俳優・映画監督)

正しいことをする

やること
①迷ったら、自分が正しいと思うことをする
②日常生活でしてしまっている「小さなズル」をやめる

法を犯すな。悪いことすんな。倫理観に反することもすんな。綺麗事じゃない。そうしたほうが幸せになれるからそうしろと言っている。後ろめたい気持ちが一切なく、堂々と生きられる幸福感に勝るものはない。人の道を外れた瞬間にこの幸福感はふっ飛び、日々後ろめたさとストレスを感じながら生きることになる。

「正直者が馬鹿を見る」は嘘

当たり前じゃないか、と言われるかもしれないが、正しいことをするのは正しい。正直者が馬鹿を見るという言葉もあるが、あれは嘘だ。たとえ非倫理的な行動によって一時的な利益を得たとしても、後ろめたさを抱えて生きていくことは、ほぼ確実に不幸につながるのだ。それを証明するような研究を紹介しよう。

異なる国の人々の様々な価値観を調査する世界価値観調査（World Values Survey）をもとに、倫理的な意思決定が人の幸福に影響を与えるかどうかを考察した研究（Harvey et al. 2011）を見てみよう。この研究では、WVSのうち、米国、カナダ、メキシコ、ブラジルの4カ国のデータを使い、倫理観と幸福の関係を調べた。人々の倫理観の測定には、①不当に給付金を請求する②公共交通機関の運賃を回避する③チャンスがあれば税金をごまかす④仕事の関係でわいろを受け取る――といった「倫理的に疑わしい行動」をとることが正当化できるか、という質問への答えを使用している。その結果、例示されたような**非倫理的な行動を正当化する意思のない人たちは、非倫理的な行動に寛容な人々と比べ、幸福度が高い**と報告していた。この結果は収入や健康など、幸福と関連が深い他の要素を考慮に入れた後でも変わらなかったという。そして、**倫理的であることによる**

幸福度の上昇は、収入の若干の増加や結婚、教会に必ず行くことなどから得られる満足感と同等だった。研究者らは「罪悪感や恥の感情をもたらさないことが心理的幸福につながっているのではないか」と分析している。また、メキシコの都市圏に住む574人を対象に、健康、経済状況、幸福度、価値観などについて調べた研究（Garcia et al. 2007）でも、**「公平さ、敬意、他者貢献、正直さ」といった価値観を重視している人は、そうでない人に比べ、平均的に見て幸せである**という結果が出たそうだ。

何が倫理的か、ということについてはもちろん議論の余地があるが、

・人様に迷惑をかけない
・悪口は言わない
・義理人情を大事にする
・約束は必ず守る

といった基礎的なことさえできていればあなたの幸福度にも良い影響を及ぼすだろう。

人として正しくあれ。自分の正義を貫け。幸福はその道の先で必ずあなたを待っている。

他人と比較しない

やること
①他人と比較して自己評価するのをやめる
②自分の評価は自分のモノサシで測る

他人と自分を比べるな。上には上がいる。そのクセを直さないと今後ずっと焦りや劣等感に悩まされる人生になっちゃうよ。才能も頑張ってきた時間も違う他人と比べたって何の意味もない。比べるべきは他人ではなく過去の自分だ。過去の自分を超え続けていけ。他人ではなく自分を倒すことに集中しろ。

「社会的比較」から自由になる

人間は絶対評価［＊1］が苦手だ。収入、成績、幸福といったありとあらゆることの価値を他人と比較して判断してしまう傾向があるのだ。その際、比較の基準となるモノや人を「レファレンスポイント（参照点）」と呼ぶ。1992年のバルセロナ五輪で銀メダルと銅メダルを獲った選手計41人の映像をもとに、競技終了直後とメダル授与セレモニーの際の幸福度を調べた研究（Medvec et al. 1995）によると、いずれの瞬間においても**銀メダリストよりも銅メダリストのほうが平均して幸福度が高かった**という。普通に考えたら3位の銅メダリストより2位の銀メダリストの幸福度のほうが高そうだが、なんとそうではなかったのである。研究者たちは、銀メダリストは金メダルの選手を、銅メダリストは4位の選手をレファレンスポイントにし、銀メダリストは「金メダルが取れたかもしれない」と考え、銅メダリストは「メダルなしに終わらなくてよかった」と考えるからではないかと分析している。ちなみに、レファレンスポイントに選ばれるのは常に自分と近い人たちだという。成功した起業家やプロスポーツ選手の年収を見ても何も思わない人が多いはずだが、**職場の同僚の給料が上がると仕事の満足度が下がる**という研究結果（Clark et al. 1996）もある。

同じようなステージにいる他者と自分を比較して自分の境遇や能力を評価しようとする行為を「社会的比較」という。社会的比較には目標のために頑張れるとか、意欲が湧くといったメリットもあるものの、幸福度にはネガティブな影響を及ぼす可能性が高い。50人の大学生を事前調査で幸福な人と不幸な人に分け、認知テストの成績を同級生と比較した際の反応を調べた研究（Lyubomirsky et al. 1997）を紹介しよう。この研究では自分の成績が周りよりも著しく勝っている／劣っていることを印象付けられるようにテストの形式が設計されていた。すると、**不幸な被験者は自分が劣っていることを印象付けられるとポジティブ感情が低下した一方、幸福な被験者はそうした傾向がみられなかった**という。研究者らは「幸福な人たちは社会的比較を用いるのではなく、自分の内的な基準によって自己評価をしていることが示唆された」としている。つまり、不幸な人ほど人と比べてしまう傾向にあり、幸福な人ほど自分の物差しで自身を評価する傾向があるということだ。前者は社会的比較の負の影響をより受けやすいと言えるだろう。

社会的比較をやめることはそう簡単ではないが、嫉妬の感情が湧き上がってきたら「やれやれ、自分また嫉妬しちゃってるよ。それって不幸な人の習慣だよ」とぼんやりでもいいので自覚することから始めてみよう。

＊1……他者の成績や能力と比べず、一定の基準に基づいて評価することを「絶対評価」といい、逆に他者と比較して、集団の中での位置を評価することを「相対評価」と呼ぶ

SNSの
使用時間を減らす

やること

①フェイスブックやインスタグラム、Twitter等のSNSは社会的比較をしてしまいやすいメディアであることを自覚する
②アプリを削除する、ログインするタイミングを決めるなど閲覧時間を減らす工夫をする

周りと比べて自分の幸せを測ってたら一生満足できんよ。隣の芝生は青く見えるもんだ。特にSNSな。SNSは人生の最高の一瞬だけを切り取って公開できるツールだ。それと自分の人生比べて劣等感を感じるなんてナンセンスだ。完璧な人生送ってる奴なんていないよ。皆それぞれ苦悩がある。妬むな。比べるな。

SNSは最凶のレファレンスポイントである

現代人は友人や同僚、もしくはネット上だけでの「友達」がSNSにアップする膨大な情報にさらされている。もちろん、SNSを通してつながりを保てたり、有益な情報を得たり、普段の生活では出会えない人に出会えたりといったポジティブな出来事も多い。だが、幸福度という観点から見ると、どうやらマイナスの影響が大きいようだ。

まず、フェイスブックの利用と幸福度の関係を調べた研究(Kross et al. 2013)を紹介したい。この研究では82人の被験者を2週間追跡し、ランダムな時間にスマートフォンに送信される「今どのように感じていますか?」「どれぐらいフェイスブックを使いましたか?」といった質問を通してフェイスブックの使用と幸福度の関係を調査した。その結果、**フェイスブックを使えば使うほど、感情は落ち込み、生活満足度が有意に低下していった**という。

ではなぜ、フェイスブックを使用すると幸福度が低下してしまうのか。有害な「社会的比較」を行ってしまうからだという見方がある。145人の大学生を対象にフェイスブックの使用と自尊心の関係を調べた研究(Vogel et al. 2014)を見ていこう。この研究では、自己申告による使用時間のほか、プロフィールを更新する頻度や他人の投稿に反応する

を販売するアップルも「スクリーンタイム」という同様の機能を開発し、「SNS」や「ゲーム」といったカテゴリ別に時間的な使用制限を設けることができるようにしている

頻度などの数値を総合し、被験者の「フェイスブックの使用頻度」を測定した。その結果、**自尊心とフェイスブックの使用頻度には負の相関関係がみられた。**さらに、**フェイスブックを使用する頻度が高い人は、自分より他人のほうが幸せで、良い生活を送っていると思う傾向が強い**という研究結果（Chou et al. 2012）もある。フェイスブックの情報をもとに社会的比較を行うことで、「自分はみんなより不幸で価値がない人間だ」という風に自尊心が傷つけられ、結果として幸福度も下がってしまうのだろう。

「レファレンスポイントに選ばれるのは常に自分と近い人たち」という話をしたが、身近な人たちが人生最高の瞬間を切り取って次々とアップデートしていくＳＮＳは、社会的比較の観点から見ると悪夢以外の何者でもないようだ。現代では全くＳＮＳをやらないというのも難しいと思うので、アプリに使用時間制限［＊1］をかけてみて様子見してみるといいだろう。ちなみに俺は、フェイスブックを5年ほど前にやめている。

＊1……スマホ中毒については「ユーザーがスマホを使えば使うほど儲かる」ＩＴ企業サイドですら危機感を持っている。Googleはアプリの使用時間を制限し、スマホの使い過ぎを防ぐ機能「Digital Wellbeing」を開発し、Android端末のメーカーに対して標準搭載を義務付けた。iPhone

過去のつらい経験を15分間書き出す

やること
①紙とペンを用意する
②過去に経験したつらい体験についての思いを15分かけて書き出す
③それを4日間続けてみる

「もうダメ……」「ツラい……」ってなってるそこの君！　大丈夫だ。最悪の状態はいつか必ず過ぎ去る。じっと耐えてもいいし挫けそうなら逃げたっていい。悲しみや苦しみがずっと続くなんて思わないで。悲しみや苦しみはいつか必ず過ぎ去る。少なくとも弱まっていく。大丈夫。必ずまた笑える日がやってくる。

書くことで、心の深いところにある感情と向き合う

人生では時に、信じられないほどつらい出来事が起こる。恋人や家族との別れや、仕事での大失敗など誰にでも思い出すだけでも息ができなくなるような経験があるはずだ。そういったつらい出来事がたびたびフラッシュバックしてきて気分が悪くなったり、日常生活に支障をきたしたり、なんてこともあるだろう。そんなきついトラウマと向き合う対処法の一つが「書くこと」だ。研究によると、過去のつらい経験を書き出すことは、あなたを過去から解放し、幸福度を上げる効果があるのだという。

テキサス大学の研究（Pennebaker 1997）を紹介しよう。被験者は4日連続で毎日15〜20分間、「人生に影響を与えた、最も悲惨だった／つらかった経験の一つ」について「その経験についての自分の反応や、今自分が感じていること」などを手書きで詳細に書く。一方で、比較対象グループには「時間をどのように使っているか」といった当たり障りのないトピックについて書いてもらう。この実験では①内容は絶対に秘密にする②スペルや文法の間違いは気にしない③書き始めたら時間切れまで書き続ける——といったルールが設けられ、4日間で合計1時間程度この作業をしてもらった。すると、**比較対象グループと比べ、つらい経験について書いたグループの不安感は減少し、幸福感が増し、病**

院に行く回数が減るなど健康状態も改善したという。

心の深いところにある感情と向き合うことで、その出来事の意味を理解し、気持ちの整理をつけるという面で効果があるのだろう。ただ、一つ注意事項がある。**つらい出来事が起こってから最初の1カ月ほどの間にトラウマに注意を向け過ぎると、ネガティブな感情を強化し、事態を悪化させる**という指摘もあるからだ。やけどによる外傷者133人を対象に行った研究（Bisson et al. 1997）によると、外傷の直後にストレスとなった出来事に対する認知や考え、情緒的反応を語るように求められる治療法の一つ「心理的デブリーフィング」を受けたグループはそうでないグループと比べて**13カ月後にPTSD（心的外傷後ストレス障害）を抱えている比率が高かった**という。このエクササイズを行う時は、1年以内といった直近に起こったことではなく、一定の時間が経過した出来事について考えてみるのがいいだろう。俺もLINEのロゴを見たり着信音を聞いたりするたびに、良い感じだったはずなのに急に既読がつかなくなったあの子や、連絡先を聞いたら「**LINE持ってません**」とかたくなに拒否された記憶がフラッシュバックして気分が悪くなるので、このエクササイズの時間と日程を倍にして1日30分、8日間やろうと思います。

信じられるものを持つ

やること
①何も信じられなくなった時に立ち返れる、決して裏切らないものを見つける(例:筋トレ)
②その信じられるものを心のよりどころとし、強くたくましく生きてゆく

筋トレは宗教です。努力を裏切らないし、100％気分スッキリするし、筋肉はいつも一緒だから心が落ち着くし、世界中が敵になってもダンベルは君を見捨てません。これだけブレない要素の揃った筋トレを宗教と呼ばずして何と呼びましょうか？　困った時の駆け込み寺？　否、困った時の駆け込みジムの時代です。

信じる者は本当に救われる

突然のリストラ、投資で失敗して大損、配偶者から離婚を切り出される、事故で大怪我……大事なものを失い、日々の幸せが一瞬にして崩壊する瞬間はいつ訪れてもおかしくない。そんな時、確固たる価値観を持っていれば、突然の不幸に立ち向かうことができる可能性が高くなる。

宗教と心身の健康について20世紀に行われた広範な研究を分析したレビュー論文（Koenig et al. 2001）によると、**信仰心と幸福度には正の相関関係がある、つまり信仰心が強い人ほど幸福感が強い**とされている。また、乳幼児突然死症候群で乳児を失った親たちに、子どもが亡くなって3週間後と18カ月後の二度、聞き取りを行った調査（McIntosh et al. 1993）では、**礼拝に頻繁に出席し、信仰は自分たちにとって大切だと報告した親は、無宗教の親よりも落ち込みが少なく、幸福度も高かった**そうだ。さらに、幸福と所得、緊密な人間関係、宗教的信仰などについて調べた研究（Myers 2000）でも、**週に数回、礼拝に出席すると報告している人の47％は自分が「とても幸せ」だと答えているのに対し、月に1回以下しか礼拝に行かない人が「とても幸せ」と答える比率は28％だった**という。

まさに「信じる者は救われる」という結果が出ている。もちろん、宗教を信じていたからといって必ずしも現実が好転するわけではないが、起きたことに対する解釈の仕方や適応力の点でポジティブな影響があるのだろう。俺自身も、何があっても絶対にブレない頼れる神（筋トレ）を信仰しているのでとても幸福度が高い。何人たりとも俺の筋トレは止められないし、100kgのバーベルは世界中どこに行っても100kgだし、友人に裏切られようと彼女にフラれようとダンベルはいつも定位置で待っていてくれるので、下界（現実）で何が起ころうと天界（ジム）に属している俺は動じないのだ。怪我や病気だけはちょっと怖いが、どんな状態でもできる筋トレは必ずある。筋トレは無敵である。ちなみに、研究者たちは信仰と幸福の関連について、教会などで社会的サポートが受けられることや、共通点が多い人がまとまり、交流することの効果についても触れている（ジムに行けばトレーナーのサポートが受けられるし、筋トレ仲間と交流できるので完璧！　やはり筋トレは無敵！）。既存の宗教や筋トレでなくてもいいので、あなたも現実がつらい時に救済してくれるような、「宗教的な何か」を見つけてみてはどうだろうか。裏切らないことが大切なので、やはり筆頭候補は二次元、スキャンダルの可能性は否めないがアイドルの推し活、自己完結する創作活動、例えばイラスト制作や音楽制作なんかも最高の宗教となるだろう。あなたは何教？

俺は筋トレ教。

観葉植物を育てる

やること

①ホームセンターに行く！
②店員さんに「自分、観葉植物を始めたくて」とキメ顔で伝える（人との会話により幸福度もUP!）
③買う！
④飼う！

悩んでる人は、「この問題は自分にコントロールできる問題かな?」と己に問いかけてみよう。で、コントロールできない問題なら悩んでも無駄だから今すぐ悩むのをやめよう。コントロールできない問題で悩んでも心の負担になるだけで絶対に解決しない。コントロールできることに集中して、そこを改善していくことこそが人生を前に進める唯一の方法だ。

「コントロール感」を取り戻そう

自分で自分の人生をコントロールしている、という感覚は、幸福な人生を送るために必要不可欠だ。自分ではコントロールできないことに振り回されていたり、自分で運命を切り開くことをあきらめて流されるままになっていたりしたら、自尊心や幸福度が下がってしまうのは火を見るより明らかだ。そして、それは研究でも裏付けられている。

高齢者介護施設の入居者を対象に行われた研究（Rodin et al. 1977）を見てほしい。この実験では、入居者91人が「自分自身のことに責任感を持ってもらうグループ（実験グループ）」と「スタッフに強力にサポートを受けるグループ（比較対象グループ）」に分けられた。「責任感を持ってもらう」というのは例えば、一人一人にプレゼントされた観葉植物について、実験グループは自分で世話をするように促された一方、比較対象グループの植物には施設のスタッフが水をやるようにした、といったことだ。この介入から3週間後、自分で植物の世話や身の回りのことをした実験グループは比較対象グループに比べて施設のスタッフや友人との会話が増えたり、映画を見たりといったアクティブな活動が増えた上、幸福度も向上。驚くべきことに、18カ月後の死亡率も半分に下がっていたという。実験グループが行ったことはとても小さな要素に思えるが、そういった小さな要素の改善が、自分の人生のオーナーシップを取り戻している感覚につながるのだろう。

コントロール感を持つことはお年寄りだけでなく、仕事をしている現役世代にとっても重要だ。米国労働省の「労働者の変容に関する全国調査」から2810人のビジネスパーソン（個人事業主や自営業者を除く）をサンプルに利用した分析（Thompson et al. 2005）によれば、**「自分で休憩時間を決められる」「基本的に自分の責任で仕事の進め方を決めている」「職務上の意思決定の自由がある」といった仕事におけるコントロール感覚が高い人ほど、家族、職場、人間関係など人生のすべての面での満足度が大きく、ストレスは少ない**という結果が出たそうだ。

もちろん、仕事では自分の裁量権は限られている、という人が多いと思う。それが我慢できない水準なら転職をするという選択肢があるし、許容範囲である場合はプライベートに人生のコントロール感を取り戻す活動を取り入れていくという選択肢もある。おすすめの一つは早朝の筋トレだ。朝は誰にも邪魔されないので思う存分筋トレができる。ということで、俺は筋トレに行く（現在午前4時40分）。**エンペラーターーーーイム！！！！！**

容姿で悩むのをやめる

やること
①美の追求には際限がないことを自覚する
②ありのままの自分を愛するように努める

自己評価低い人見てるとすごく悲しい気持ちになるんだよ。「私なんて……」って思いながら生きてるとか悲し過ぎるだろ。周りに批判され続けてそうなったのか、容姿や能力を周りと比べて劣等感を感じたのか知らんが、自分はダメだなんて絶対に思うな。あなたにはあなたの良いところがあるんだからね。

脱ルッキズムのすすめ

外見的な魅力を過剰に評価する風潮を「ルッキズム」という。容姿にコンプレックスを持つ人は多いし、「もっと背が高かったら……」「もっと痩せていたら……」「アイドルみたいな顔だったら……」と考えたことのない人のほうが少ないだろう。だが、理想の容姿を追い求めることは必ずしも幸福にはつながらないことが研究からわかっている。

ノルウェーで10代の女性1597人を13年間追跡した調査（Soest et al. 2012）によると、**調査期間中に美容整形手術を受けた71人（65人が1回、4人が2回の手術を受け、4回以上手術を受けた人も2人いた）は、受けなかった人よりもうつや不安、摂食障害になる確率が大幅に高かった**という。研究者らは「美容整形は必ずしもメンタルの問題を解決するわけではないようだ」と結論づけている。

次に、ショーや雑誌で活躍する17～35歳のファッションモデル56人と、同年代の53人（教師やレストランのマネジャーなど）を比べた調査（Meyer et al. 2007）を見ていこう。この研究では被験者に「自分の人生は自分で自由に決められる」「出会った人と仲良くしている」「私の人生では、自分にどれほど能力があるかを示す機会はあまりない」といった40項目以上の質問にどれぐらい同意できるか（もしくはできないか）を答えてもらい、幸福度を測定した。すると、**モデルグループは非モデルと比べ、自己実現、幸福、生活満足度の尺度を組み合わせた心理的幸福の指数が有意に低かった**という。誰もがうらやむ美貌やスタイルを持っていると思われるモデルも、無条件で幸福であるというわけではなさそうだ（社会的比較の対象が周りにいるモデルになっちゃうからかな？　と考えたあなた！　知識が身についてる証拠だ！　素晴らしい！）。

整形手術を受けたり、ダイエットをしたりして理想の外見に近づけることは悪いことではない。むしろ、俺は整形もダイエットも推奨派だ。自分を磨いていくのは楽しいし、程度を間違えなければあなたの人生を豊かにしてくれるだろう。ただ、人は美しくなった自分にも慣れてしまうし、より美しい人との比較を始めてしまう特性があることも頭に入れておいたほうがいいだろう。美に囚われてしまうと、どれだけ美しくなっても自分の些細な欠点ばかりが気になり、一生満足できなくなってしまう。「魅力的な外見」はお金やモノと同じように、「誰もが欲しがるけれど、執着が過ぎると幸福にはつながらないもの」の代表例と言っていい。適度な努力は続けつつも、ないものねだりはやめて、ありのままの自分を愛する努力もしてみよう。そういう俺も**あと1ミリでもいいから腕を太くしたくて日々筋トレしてる**んだけどね……（笑）。

自己完結する目標を持つ

やること

①自分の目標をリストアップする
②それらの目標を内在的目標と外因的目標に分類する
③内在的目標は引き続き頑張って目指し、外因的目標は内在的目標に再構築する

評価に依存するな。他人の評価に依存してる限り一生満足できんぞ。満足できないってことは幸せになれないってことだ。他人の評価なんてコロコロ変わるもんを自己評価や幸福感の尺度にしていい訳がない。評価に依存することは他人に自分の人生を人質としてとられているに等しい。他人の評価なんて気にするな。

内在的な目標VS外因的な目標

目標を持つことは大切だ。何をするにしても「何のためにやるのか?」という目標がわかっていればモチベーションになるし、やるべきことも明確になる。だが、その目標が個人の成長や親密な人間関係、身体的健康といった内在的（本質的）なものか、それとも富や名声、外見的な魅力といった外因的なものか、という視点も見逃せない。目標の性質の違いが幸福度に影響する、という研究があるのだ。さっそく見ていこう。

ドイツの大学生83人を被験者とした研究（Kasser et al. 2000）では、被験者に**内在的目標**（成長、親和、共同体感覚、身体的健康）と**外因的目標**（経済的成功、外見的魅力、社会的承認）に関連する尺度が提示され、それらを達成する重要性と可能性について5段階で評価するように求めた（例えば「将来、私の名前は多くの人に知られている」「将来、私はチャリティに時間とお金をささげている」といった文章について評価してもらった）。その結果を分析したところ、**内在的目標の重要性を高く評価することは全体的な幸福や自己実現と正の相関があった（幸福度アップ）一方で、不安とは負の相関があり（不安度ダウン）、その裏返しとして、外因的目標を重視することは幸福度の低さと関連があったという。**また、この研究に先立って行われたアメリカの大学生を対象にした実験でも同様の結果が得られたようだ。

経済的な成功、外見、名声といった外因的な目標に共通するのは「他人の評価」を必要とすることだ。例えば、「同期で一番出世したい」という目標を立てた場合、社会的比較によって幸福度が下がる可能性が高いし、たとえ自分がベストを尽くしたとしても同期がもっと優秀でもっと努力する人だったら目標は達成できない（同期の行動やそれに対する周囲の評価はコントロール不可だから）。それに比べて、例えば、「ベンチプレス100kgを挙げたい」という目標は内在的であり、自己完結している。こういった目標は社会的比較とは無縁だし、あなたが努力をすれば必ず達成できるので幸福度を上げてくれる。

あなたの目標はなんだろうか？

外因的目標ばかり追いかけていないか、改めて自分の目標を見つめ直してみよう。

「小さな勝利」を積み重ねよう

①大きな勝利よりも小さな勝利を積み重ねる
②小さな勝利を積み重ねればそれはやがて大きな勝利となる

成功体験を積み重ねて得られるものは自信だけではない。努力→成功というサイクルを繰り返すことであなたは努力中毒になる。努力が報われることにより努力＝素晴らしいものと脳が認識し、努力が大好きになり、一種の中毒状態に陥る。努力嫌いな人と努力好きな人、どちらの人の人生が有意義なものになるかは明らかだ。報われる努力はムッチャ楽しい。さあ、あなたも努力中毒になろうぜ。

Small Winsが「最高の日」をつくる

人間、進歩すればうれしくてさらに頑張るし、挫折すれば傷ついてやる気がなくなってしまう。いくら意志の力で頑張ろうとしても、挫折に耐え続けられる人間などそういない。一定の称賛や成功を必要とするのが人間なのだ。だからこそ、ささやかな成功体験を積み重ねることが不可欠だと言える。ハーバードビジネススクールのテレサ・アマビール教授らの研究を見てみよう。アマビール教授らは7つの企業の26のプロジェクトチームから238人の被験者を集め、約4カ月間、仕事終わりに日記を書いてもらった。延べ1万2000日分の日記を解析したところ、次のようなことがわかったという。

- 全体的な気分や喜びや怒りといった感情、モチベーションなどに基づき、被験者の「最高の日」と「最悪の日」を調べたところ、「最高の日」の最も一般的なトリガーは個人またはチームの進歩であり、「最悪の日」のトリガーは挫折だった
- 進歩は「最高の日」のうち76%で発生していた
- 進歩した日は喜びや誇りといったポジティブな感情を抱き、挫折した日は欲求不満、恐れ、悲しみを経験していた
- ごく小さな出来事でさえ、プロジェクトの参加者に大きな影響を与えていた

どうだろうか。アマビール教授が「Small Wins」と呼ぶ小さな勝利の積み重ねこそが幸福を構成する重要な要素になっていることがわかるだろう。仕事にせよプライベートにせよ、大きな成功を果たしたとしても、「快楽適応」によって幸福感はすぐに過ぎ去る。それよりも、努力や挑戦を続け、小さくてもいいから「勝ち続ける」状態を目指すほうが幸福度の最大化という観点から見るとずっと効率がいいのだ。

俺が人々に「挑戦しろ」「努力しろ」と言い続けている理由はここにある。小さな勝利を手にするためには、挑戦と努力の対象が必要だ。ぶっちゃけた話、あなたの挑戦と努力が最終的に成功という形で報われるか否かなんて俺は知らん。知らんけど、成功するか否かなんて大して重要じゃない。挑戦や努力の過程でSmall Winsを積み重ねていくこと自体に大きな意義があるのだ。最終結果ではなく、そのプロセスこそが人生を豊かで幸せなものにしてくれる秘密のレシピなのだ。さあ、今日も明日も明後日も勝って勝って勝ちまくろうじゃないか。ちなみに、昨日の俺の勝利は**ローソンの塩豆大福がお家にあったにもかかわらず我慢したこと。**＃小さい　＃今日は食べてしまうかもしれない　＃塩豆大福は神の主食　＃塩豆大福中毒

第6章

自尊心を育てる

著者の一言

㊷正しいことをする

これは日頃から心掛けているし、今後も心掛けていきたい。常にできている訳ではないけどね。

㊸他人と比較しない

過去の自分と比べることが圧倒的に多いです！

㊹SNSの使用時間を減らす

Twitterで発信する以外はあまり触りません。

㊺過去のつらい経験を15分間書き出す

たぶんそれなりにいろいろ経験してきてるけど、過去のつらい経験は脳が勝手に削除していき、滅多に思い出すことがないのであえてやろうとは思いません。

㊻信じられるものを持つ

筋肉。

㊼観葉植物を育てる

筋トレで足りているのでやってません（筋肉は努力を裏切らない。コントロール感ある）。

㊽容姿で悩むのをやめる

そもそもあまり考えたことないかもしれない。腕を太くしたいとかは思うけど。

㊾自己完結する目標を持つ

腕を太くする。たくさん食べて、たくさん筋トレする。完全なる自己完結。

㊿「小さな勝利」を積み重ねよう

正直に言います。ダイエット中にもかかわらず結局我慢できず塩豆大福を食べてしまいました。しかし、それをチャラにすべく20分ジョギングしたので圧倒的勝利です！

おわりに

いかがだっただろうか。すでにお気づきだろうが、幸福への道はある意味で「当たり前」のことばかりである。

常に笑顔を絶やさず、人には親切にし、家族や仲間を大切にする。物事の良い面を見るようにし、他人と比較するのではなく、自分自身の目標に向かって着実に前進する。信じられるものを持ち、正しい行いをする。食事や睡眠を大事にし、適度な運動も欠かさない。

どれもこれも、古今東西の多くの文化や宗教、社会規範において数千年も前から「良いこと」とされてきた考え方や行動だ。元々「良いこと」とされてきた生き方の正しさが、科学によって証明されてきているのが現状なのだ。つまり、科学の「か」の字もなかった時代から、人々は少しずつ真理を見つけ、後世に伝えてくれていたのだ。人類の歩みとともに積み重ねられた英知の偉大さに思いを馳せると、かつて地球上に存在したすべての人たちへの感謝が止まらず、幸せで涙があふれてくるのは僕だけだろうか（大げさ）。

良い本とは行動を変えてくれる本である

と、どっかのものすごく賢くて偉い人が言っていた……気がする（笑）。言っていなければ俺が言おう。良い本とは行動を変えてくれる本である。どれだけ知識が身についても、良い言葉に触れて感化されても、行動が変わらなければあなたの人生は変わらない。そして、行動を変えるというハードルは相当に高いもので、そういう本は滅多にない。そのハードルを突破するために、本書では科学的裏付けのある様々な「幸せになる方法」を具体的なTO DOリストにまで落とし込んだ。巻末にはチェックリストを用意したので、できたものからチェックを入れ、チェックリストが埋まっていくにつれ幸福度も増していく感覚を楽しみながら、心ゆくまで幸せになってほしい。

最後になるが、皆の幸せを祈らせてくれ。

どうか皆が幸せでありますように。
頑張っている人には良い結果が、
苦しんでいる人には希望が、
不安な人には安心が、
悲しんでいる人にはいい知らせが届きますように。
泣いてる人が笑顔になれますように。
皆の明日が良い日でありますように。
皆が今晩グッスリ眠れますように。
僕にハンパじゃないモテ期が来ますように。
僕の筋肉が大きくなりますように。

Testosterone

チェックリストの使い方

ステップ1
現段階ですでにクリアしている項目にチェックを入れよう！

チェックの数を確認し、自分の幸福の達人レベルを確認！

0〜12個

幸福の初心者

これまでの人生ではもしかしたら楽しさや喜びを感じることが少なかったり、生きづらさに悩んだりしたこともあったかもしれない。でも、おめでとう！　あなたの人生には伸びしろしかない。

13〜25個

幸福の中級者

特に不幸というわけではないんだけど、「もっとなんかこう……あるだろう……もぅ！」という毎日を送っているあなた。おめでとう！
あなたは飛躍的に幸せになれる秘伝の巻物を手にしたのだ。

26～40個

幸福の上級者

あなたはすでにそこそこ幸せな毎日を送っていることだろうが、もっともっと幸せになれる。さらなる幸福の高みを目指して（↑接近目標）頑張ってほしい。

41～50個

幸福の達人

あなたはすでに達人の域だ！　この調子でハッピーライフを送ろう！ちなみに、俺は45個クリアしている（「ハグ」は一生できる気がしない。革命が必要だ。こんな実行が難しい項目は削除してしまおうか）。

ステップ3　チャレンジングだが、達成可能なペースでチェックリストを埋めていく！

ステップ4　チェックリストが埋まるころにはあなたは幸福の達人！
どうかこの本で学んだことを忘れず、末永く幸せでいてくれよな！

第1章

脳のクセを攻略(ハック)する

チェックリスト

- □ ①「モノ」ではなく「経験」を買う
- □ ②お金に執着するのをやめる
- □ ③１日５分、呼吸に集中する
- □ ④２か月後の旅行を予約し、前払いする
- □ ⑤最高の瞬間を、中断する
- □ ⑥スマホ断捨離をする
- □ ⑦チャレンジングだが、達成可能なゴールを設定する
- □ ⑧「時間」を買う
- □ ⑨テレビを見る時間を減らす
- □ ⑩神頼みはやめて行動する

第２章

ポジティブな面に注目する

チェックリスト

- □ ⑪「明日起きそうな良いこと」を２分間想像する
- □ ⑫毎週日曜日の夜に感謝すべきことを５つ書き出す
- □ ⑬もしも●●がなかったら？と想像し、紙に書き出す
- □ ⑭常に笑顔でいる
- □ ⑮ネガティブな言葉を使わない
- □ ⑯自分の「強み」を使う
- □ ⑰将来の最高の自分を想像して書き出す
- □ ⑱なんでもない「日常」を味わう
- □ ⑲幸福な思い出を追体験する
- □ ⑳「回避目標」ではなく「接近目標」を立てる

第3章

利他の心を持つ

チェックリスト

- □ ㉑「他人の良いニュース」に興味や熱意をもって反応する
- □ ㉒友だちや同僚にランチをおごる
- □ ㉓自分の仕事が誰を幸せにしているかを考えてみる
- □ ㉔寄付をする
- □ ㉕週に２時間ボランティアをする
- □ ㉖「親切デー」をつくる

第4章

人間関係(ソーシャル)に投資する

チェックリスト

- □ ㉗「挨拶の輪」を広げる
- □ ㉘許す
- □ ㉙残業をやめる
- □ ㉚毎日５回ハグする
- □ ㉛幸福な体験を誰かとシェアする
- □ ㉜人と一緒に過ごす時間を増やす
- □ ㉝悪い人間関係を断つ

第5章

健康を死守する

チェックリスト

- ☐ ㉞毎日5000歩以上歩く
- ☐ ㉟7時間寝る
- ☐ ㊱週に10分運動する
- ☐ ㊲5分間、自然の中で過ごす
- ☐ ㊳スポーツジムに入会する
- ☐ ㊴歯のメンテナンスをする
- ☐ ㊵朝型人間になる
- ☐ ㊶野菜や果物の消費量を増やす

第6章

自尊心を育てる

チェックリスト

- □ ㊷正しいことをする
- □ ㊸他人と比較しない
- □ ㊹ＳＮＳの使用時間を減らす
- □ ㊺過去のつらい経験を15分間書き出す
- □ ㊻信じられるものを持つ
- □ ㊼観葉植物を育てる
- □ ㊽容姿で悩むのをやめる
- □ ㊾自己完結する目標を持つ
- □ ㊿「小さな勝利」を積み重ねよう

参考文献

第1章 脳のクセを攻略(ハック)する

①「モノ」ではなく「経験」を買う

Boven & Gilovich (2003). To Do or to Have? That Is the Question. Journal of Personality and Social Psychology, 85(6), 1193–1202.

Kumar et al. (2014). Waiting for Merlot: Anticipatory Consumption of Experiential and Material Purchases. Psychological Science, 25(10),1924-1931.

②お金に執着するのをやめる

Kahneman & Deaton (2010). High income improves evaluation of life but not emotional well-being. PNAS, 107(38), 16489-16493.

A. T. Jebb, L. Tay, E. Diener, S. Oishi.Happiness, income satiation and turning points around the world. Nat. Hum. Behav. 2, 33–38 (2018).

Experienced well-being rises with income, even above $75,000 per year. Matthew A. Killingsworth Proceedings of the National Academy of Sciences Jan 2021, 118 (4) e2016976118; DOI: 10.1073/pnas.2016976118.

③1日5分、呼吸に集中する

Shapiro, S. L., Schwartz, G.E.R., & Santerre, C. (2005). Meditation and positive psychology.Snyder, C. R., & Lopez, S. J. (Eds.), Handbook of Positive Psychology (pp. 632–645). New York: Oxford University Press.

Smith, W. P., Compton, W. C., & West, W. B.(1995). Meditation as an adjunct to a happiness enhancement program. Journal of Clinical Psychology,51, 269–273

Sedlmeier P, Eberth J, Schwarz M, Zimmermann D, Haarig F, Jaeger S, Kunze S. The psychological effects of meditation: a meta-analysis. Psychol Bull. 2012 Nov;138(6):1139-71. doi: 10.1037/a0028168. Epub 2012 May 14. PMID: 22582738.

④2カ月後の旅行を予約し、前払いする

Nawijn, J., Marchand, M. A., Veenhoven, R. and Vingerhoets, A. J. (2010). Vacationers Happier, but Most not Happier After a Holiday. Applied Research in

Quality of Life, 5, 35-47.

Brian Knutson, Scott Rick, G. Elliott Wimmer, Drazen Prelec, and George Loewenstein.(2007).Neural Predictors of Purchases.Neuron 53, 147–156,

『SAVORING FUTURE EXPERIENCES: ANTECEDENTS AND EFFECTS ON EVALUATIONS OF CONSUMPTION EXPERIENCES』 by Hae Eun Chun

⑤最高の瞬間を、中断する

Nelson & Meyvis (2008). Interrupted consumption: Disrupting adaption to hedonic experiences. Journal of Marketing Research, 45(6), 654-664.

⑥スマホ断捨離をする

Twenge JM, Martin GN, Campbell WK. Decreases in psychological well-being among American adolescents after 2012 and links to screen time during the rise of smartphone technology. Emotion. 2018 Sep;18(6):765-780. doi: 10.1037/emo0000403. Epub 2018 Jan 22. PMID: 29355336.

Ryan J. Dwyer, Kostadin Kushlev, Elizabeth W. Dunn,Smartphone use undermines enjoyment of face-to-face social interactions,Journal of Experimental Social Psychology, Volume 78,2018,Pages 233-239,

Adrian F. Ward, Kristen Duke, Ayelet Gneezy, and Maarten W. Bos, "Brain Drain: The Mere Presence of One's Own Smartphone Reduces Available Cognitive Capacity," Journal of the Association for Consumer Research 2, no. 2 (April 2017): 140-154. https://doi.org/10.1086/691462

⑦チャレンジングだが、達成可能なゴールを設定する

Buehler, Janina Larissa & Weidmann, Rebekka & Nikitin, Jana & Grob, Alexander. (2019). A Closer Look at Life Goals Across Adulthood: Applying a Developmental Perspective to Content, Dynamics, and Outcomes of Goal Importance and Goal Attainability. European Journal of Personality. 33. 10.1002/per.2194.

⑧「時間」を買う

Whillans AV, Weidman AC, Dunn EW. Valuing Time Over Money Is Associated With Greater Happiness. Social Psychological and Personality Science. 2016;7(3):213-222. doi:10.1177/1948550615623842

Burke, R.J., Koyuncu, M., Fiksenbaum, L. and Demirer, H. (2009), "Time affluence, material affluence and well-being among Turkish managers", Cross Cultural Management: An International Journal, Vol. 16 No. 4, pp. 386-397.

Hershfield HE, Mogilner C, Barnea U. People Who Choose Time Over Money Are Happier. Social Psychological and Personality Science. 2016;7(7):697-706. doi:10.1177/1948550616649239

⑨テレビを見る時間を減らす

Bruno S. Frey, Christine Benesch, and Alois Stutzer, “Does Watching TV Make Us Happy?,” Journal of Economic Psychology, 28, no. 3 (June 2007): 283–313.

Alan B. Krueger, “Are We Having More Fun Yet? Categorizing and Evaluating Changes in Time Allocation,” Brookings Papers on Economic Activity no. 2 (Fall 2007): 193–215

⑩神頼みはやめて行動する

Sheldon, Kennon & Lyubomirsky, Sonja. (2006). Achieving Sustainable Gains in Happiness: Change Your Actions, not Your Circumstances. Journal of Happiness Studies. 7. 55-86. 10.1007/s10902-005-0868-8.

DeNeve, Kristina & Cooper, Harris. (1998). The Happy Personality: A Meta-Analysis of 137 Personality Traits and Subjective Well-Being. Psychological Bulletin. 124. 197-229. 10.1037/0033-2909.124.2.197.

第2章　ポジティブな面に注目する

⑪「明日起きそうな良いこと」を2分間想像する

Jordi Quoidbach, Alex M. Wood & Michel Hansenne (2009) Back to the future: the effect of daily practice of mental time travel into the future on happiness and anxiety, The Journal of Positive Psychology, 4:5, 349-355, DOI: 10.1080/17439760902992365

Caruso EM, Gilbert DT, Wilson TD. A wrinkle in time: asymmetric valuation of past and future events. Psychol Sci. 2008 Aug;19(8):796-801. doi: 10.1111/j.1467-9280.2008.02159.x. PMID: 18816287.

⑫毎週日曜日の夜に感謝すべきことを5つ書き出す

Emmons, R. A., & McCullough, M. E. (2003). Counting blessings versus burdens: An experimental investigation of gratitude and subjective well-being in daily life. Journal of Personality and Social Psychology, 84(2), 377–389. https://doi.org/10.1037/0022-3514.84.2.377

『The How of Happiness』by Sonja Lyubomirsky

⑬もしも●●がなかったら？　と想像し、紙に書き出す

Koo et al. (2008). It's a wonderful life: Mentally subtracting positive events improves people's affective states, contrary to their affective forecasts. Journal of Personality and Social Psychology, 95(5), 1217–1224.

Kurtz (2008). Looking to the future to appreciate the present: The benefits of perceived temporal scarcity. Psychological Science, 19(12), 1238-1241.

⑭常に笑顔でいる

Harker L, Keltner D. Expressions of positive emotion in women's college yearbook pictures and their relationship to personality and life outcomes across adulthood. J Pers Soc Psychol. 2001 Jan;80(1):112-24. PMID: 11195884.

Abel, E. L., & Kruger, M. L. (2010). Smile intensity in photographs predicts longevity. Psychological Science, 21(4), 542–544.

⑮ネガティブな言葉を使わない

Neuvonen E, Rusanen M, Solomon A, Ngandu T, Laatikainen T, Soininen H, Kivipelto M, Tolppanen AM. Late-life cynical distrust, risk of incident dementia, and mortality in a population-based cohort. Neurology. 2014 Jun 17;82(24):2205-12. doi: 10.1212/WNL.0000000000000528. Epub 2014 May 28. PMID: 24871875.

Diener, E., Sandvik, E., & Pavot, W. (2009). Happiness is the frequency, not the intensity, of positive versus negative affect. In E. Diener (Ed.), Social Indicators research series: Vol. 39. Assessing well-being: The collected works of Ed Diener (p. 213–231). Springer Netherlands. https://doi.org/10.1007/978-90-481-2354-4

⑯自分の「強み」を使う

Seligman et al. (2005). Positive Psychology Progress: Empirical Validation of Interventions. American Psychologist, 60(5):410-421

Lavy & Littman-Ovadia (2017). My better self: Using strengths at work and work productivity, organizational citizenship behavior, and satisfaction. Journal of Career Development, 44(2) 95-109

⑰将来の最高の自分を想像して書き出す

King, L. A. (2001). The health benefits of writing about life goals. Personality and Social Psychology Bulletin, 27: 798–807.

⑱なんでもない「日常」を味わう

Brickman P, Coates D, Janoff-Bulman R. Lottery winners and accident victims: is happiness relative? J Pers Soc Psychol. 1978 Aug;36(8):917-27. doi: 10.1037//0022-3514.36.8.917. PMID: 690806.

Seligman MEP, Rashid T, Parks AC. Positive psychotherapy. Am Psychol. 2006 Nov;61(8):774-788. doi: 10.1037/0003-066X.61.8.774. PMID: 17115810.

⑲幸福な思い出を追体験する

Bryant, F. B., Smart, C. M., and King, S. P. (2005). Using the past to enhance the present:Boosting happiness through positive reminiscence. Journal of Happiness Studies, 6: 227–60.

Lyubomirsky et al. (2006). The costs and benefits of writing, talking, and thinking about life's triumphs and defeats. Journal of personality and social psychology, 90(4), 692–708.

Havighurst, R. J., and Glasser, R. (1972). An exploratory study of reminiscence. Journal of Gerontology, 27: 245–53.

⑳「回避目標」ではなく「接近目標」を立てる

Elliot AJ, Sheldon KM, Church MA. Avoidance Personal Goals and Subjective Well-Being. Personality and Social Psychology Bulletin. 1997;23(9):915-927. doi:10.1177/0146167297239001

Heimpel SA, Elliot AJ, Wood JV. Basic personality dispositions, self-esteem, and personal goals: an approach-avoidance analysis. J Pers. 2006 Oct;74(5):1293-320. doi: 10.1111/j.1467-6494.2006.00410.x. PMID: 16958703.

第3章　利他の心を持つ

㉑「他人の良いニュース」に興味や熱意をもって反応する

Schueller, S. (2012). Personality Fit and Positive Interventions: Extraverted and Introverted Individuals Benefit from Different Happiness Increasing Strategies. Psychology, 3, 1166-1173.

Gable, S. L., Reis, H. T., Impett, E., & Asher, E. R. (2004). What do you do when things go right? The intrapersonal and interpersonal benefits of sharing positive events. Journal of Personality and Social Psychology, 87, 228–245.

Gable, S. L., Gonzaga, G. C., & Strachman, A. (2006). Will you be there for me when things go right? Supportive responses to positive event disclosures. Journal of Personality and Social Psychology, 91, 904–917.

㉒友だちや同僚にランチをおごる

Elizabeth W. Dunn, Lara B. Aknin, and Michael I. Norton, "Spending Money on Others Promotes Happiness," Science 319 (2008): 1687-1688.

Aknin, Lara B., Elizabeth W. Dunn, Gillian M. Sandstrom, and Michael I. Norton. "Does Social Connection Turn Good Deeds into Good Feelings? On the Value of Putting the 'Social' in Prosocial Spending." International Journal of Happiness and Development 1, no. 2 (2013): 155–171.

㉓自分の仕事が誰を幸せにしているかを考えてみる

Oguz, Sebnem & Merad, Salah. (2013). Measuring National Well-being -What matters most to Personal Well-being?. Office for National Statistics.

Wrzesniewski, A., McCauley, C., Rozin, P., and Schwartz, B. (1997). Jobs, careers, and callings:People's relations to their work. Journal of Research in Personality, 31: 21–33.

Wrzesniewski, A., and Dutton, J. E. (2001). Crafting a job: Revisioning employees as active crafters of their work. Academy of Management Review, 26: 179–201.

㉔寄付をする

Aknin, Lara B., Christopher P. Barrington-Leigh, Elizabeth W. Dunn,John F. Helliwell, Justine Burns, Robert Biswas-Diener, Imelda Kemeza, Paul Nyende, Claire Ashton-James, and Michael I. Norton. Prosocial Spending and Well-Being: Cross-Cultural

Evidence for a Psychological Universal. Journal of Personality and Social Psychology 104, no. 4 (April 2013): 635–652.

Anik, Lalin, Lara B. Aknin, Michael I. Norton, Elizabeth W. Dunn, and Jordi Quoidbach. "Prosocial Bonuses Increase Employee Satisfaction and Team Performance." Harvard Business School Working Paper, No. 13–095, May 2013.

㉕週に2時間ボランティアをする

Thoits PA, Hewitt LN. Volunteer work and well-being. J Health Soc Behav. 2001 Jun;42(2):115-31. PMID: 11467248.

Windsor TD, Anstey KJ, Rodgers B. Volunteering and psychological well-being among young-old adults: how much is too much? The Gerontologist. 2008 Feb;48(1):59-70. doi: 10.1093/geront/48.1.59. PMID: 18381833.

㉖「親切デー」をつくる

Lyubomirsky, S., Sheldon, K. M., & Schkade, D. (2005). Pursuing happiness: The architecture of sustainable change. Review of General Psychology, 9(2), 111–131. https://doi.org/10.1037/1089-2680.9.2.111

Otake et al. (2006). Happy people become happier through kindness: A counting kindnesses intervention. Journal of happiness studies, 7(3), 361-375.

第4章　人間関係（ソーシャル）に投資

㉗「挨拶の輪」を広げる

Sandstrom GM, Dunn EW. Social Interactions and Well-Being: The Surprising Power of Weak Ties. Pers Soc Psychol Bull. 2014 Jul;40(7):910-922. doi: 10.1177/0146167214529799. Epub 2014 Apr 25. PMID: 24769739.

Zajonc, R.B., Rajecki, D.W. Exposure and affect: A field experiment. Psychon Sci 17, 216–217 (1969). https://doi.org/10.3758/BF03329178

Zajonc, R. B., Crandall, R., Kail, R. V., & Swap, W. (1974) Effect of extreme exposure frequencies on different affective ratings of stimuli. Perceptual and Motor Skills, 38, 667-668.

㉘許す

Hebl, J., & Enright, R. D. (1993). Forgiveness as a psychotherapeutic goal with elderly females. Psychotherapy: Theory, Research, Practice, Training, 30(4), 658–667. https://doi.org/10.1037/0033-3204.30.4.658

㉙残業をやめる

Golden, Lonnie and Wiens-Tuers, Barbara, To Your Happiness? Extra Hours of Labor Supply and Worker Well-Being. Journal of Socio-Economics, Vol. 35, No. 2, pp. 382-397, April 2006, Available at SSRN: https://ssrn.com/abstract=988245

https://rc.persol-group.co.jp/news/201802081000.html（パーソル総合研究所・中原淳「長時間労働に関する実態調査」）

㉚毎日5回ハグする

『The How of Happiness』by Sonja Lyubomirsky

Cohen S, Janicki-Deverts D, Turner RB, Doyle WJ. Does hugging provide stress-buffering social support? A study of susceptibility to upper respiratory infection and illness. Psychol Sci. 2015 Feb;26(2):135-47. doi: 10.1177/0956797614559284. Epub 2014 Dec 19. PMID: 25526910; PMCID: PMC4323947.

㉛幸福な体験を誰かとシェアする

Boothby EJ, Clark MS, Bargh JA. Shared Experiences Are Amplified. Psychological Science. 2014;25(12):2209-2216. doi:10.1177/0956797614551162

㉜人と一緒に過ごす時間を増やす

Diener E, Seligman MEP. Very Happy People. Psychological Science. 2002;13(1):81-84. doi:10.1111/1467-9280.00415

White MP, Dolan P. Accounting for the Richness of Daily Activities. Psychological Science. 2009;20(8):1000-1008. doi:10.1111/j.1467-9280.2009.02392.x

Holt-Lunstad J, Smith TB, Baker M, Harris T, Stephenson D. Loneliness and social isolation as risk factors for mortality: a meta-analytic review. Perspect Psychol Sci. 2015 Mar;10(2):227-37. doi: 10.1177/1745691614568352. PMID: 25910392.

㉝悪い人間関係を断つ

https://www.theatlantic.com/magazine/archive/2009/06/what-makes-us-happy/307439/

Robert Waldinger | TEDx Beacon Street What makes a good life? Lessons from the longest study on happiness

Shirom A, Toker S, Alkaly Y, Jacobson O, Balicer R. Work-based predictors of mortality: a 20-year follow-up of healthy employees. Health Psychol. 2011 May;30(3):268-75. doi: 10.1037/a0023138. PMID: 21553970.

第5章 健康を死守する

㉞毎日5000歩以上歩く

Lathia N, Sandstrom GM, Mascolo C, Rentfrow PJ. Happier People Live More Active Lives: Using Smartphones to Link Happiness and Physical Activity. PLoS One. 2017 Jan 4;12(1):e0160589. doi: 10.1371/journal.pone.0160589. PMID: 28052069; PMCID: PMC5213770.

Edwards MK, Loprinzi PD. Experimentally increasing sedentary behavior results in increased anxiety in an active young adult population. J Affect Disord. 2016 Nov 1;204:166-73. doi: 10.1016/j.jad.2016.06.045. Epub 2016 Jun 15. PMID: 27351099.

Edwards MK, Loprinzi PD. Effects of a Sedentary Behavior-Inducing Randomized Controlled Intervention on Depression and Mood Profile in Active Young Adults. Mayo Clin Proc. 2016 Aug;91(8):984-98. doi: 10.1016/j.mayocp.2016.03.021. PMID: 27492908.

Meghan K. Edwards and Paul D. Loprinzi, “Experimentally In creasing Sedentary Behavior Results in Decreased Life Satisfaction.” Health Promotion Perspectives 7, no. 2 (2017): 88 - 94.

㉟7時間寝る

https://www.about.sainsburys.co.uk/~/media/Files/S/Sainsburys/living-well-index/sainsburys-living-well-index.PDF

Nicole K. Y. Tang, DPhil, CPsych, Mark Fiecas, PhD, Esther F. Afolalu, MSc, Dieter Wolke, PhD, Changes in Sleep Duration, Quality, and Medication Use Are Prospectively Associated With Health and Well-being: Analysis of the UK Household Longitudinal Study, Sleep, Volume 40, Issue 3, 1 March 2017, zsw079, https://doi.org/10.1093/sleep/zsw079

https://www.sleephealthjournal.org/article/S2352-7218%2815%2900015-7/pdf

㊱週に10分運動する

WHO guidelines on physical activity and sedentary behaviour. Geneva: World Health Organization; 2020.Licence: CC BY-NC-SA 3.0 IGO.

Zhang, Z., Chen, W. A Systematic Review of the Relationship Between Physical Activity and Happiness. J Happiness Stud 20, 1305–1322 (2019). https://doi.org/10.1007/s10902-018-9976-0

Hass CJ, Garzarella L, de Hoyos D, Pollock ML. Single versus multiple sets in long-term recreational weightlifters. Med Sci Sports Exerc. 2000 Jan;32(1):235-42. doi: 10.1097/00005768-200001000-00035. PMID: 10647555.

㊲5分間、自然の中で過ごす

Barton J, Pretty J. What is the best dose of nature and green exercise for improving mental health? A multi-study analysis. Environ Sci Technol. 2010 May 15;44(10):3947-55. doi: 10.1021/es903183r. PMID: 20337470.

"MacKerron, George and Mourato, Susana (2013) Happiness is greater in natural environments. Global environmental change. ISSN 0959-3780

DOI: 10.1016/j.gloenvcha.2013.03.010"

松葉直也、李宙営ら「大規模都市緑地における歩行がもたらす生理的影響：新宿御苑における実験」 日本生理人類学会誌, Vol.16, 2011, p.133-139

van den Berg MM, Maas J, Muller R, Braun A, Kaandorp W, van Lien R, van Poppel MN, van Mechelen W, van den Berg AE. Autonomic Nervous System Responses to Viewing Green and Built Settings: Differentiating Between Sympathetic and Parasympathetic Activity. Int J Environ Res Public Health. 2015 Dec 14;12(12):15860-74. doi: 10.3390/ijerph121215026. PMID: 26694426; PMCID: PMC4690962.

㊳スポーツジムに入会する

DeLeire, T., Kalil, A. Does consumption buy happiness? Evidence from the United States. Int Rev Econ 57, 163–176 (2010). https://doi.org/10.1007/s12232-010-0093-6

㊴歯のメンテナンスをする

Dumitrescu AL, Kawamura M, Dogaru BC, Dogaru CD. Relation of achievement motives, satisfaction with life, happiness and oral health in Romanian university students. Oral Health Prev Dent. 2010;8(1):15-22. PMID: 20372670.

吉田 光由，中本 哲自，佐藤 裕二，赤川 安正，歯の欠損が高齢者の生活の満足感に及ぼす影響について，老年歯科医学，1996-1997, 11 巻，3 号，p. 174-180,

㊵朝型人間になる

Jones, S.E., Lane, J.M., Wood, A.R. et al. Genome-wide association analyses of chronotype in 697,828 individuals provides insights into circadian rhythms. Nat Commun 10, 343 (2019). https://doi.org/10.1038/s41467-018-08259-7

Biss RK, Hasher L. Happy as a lark: morning-type younger and older adults are higher in positive affect. Emotion. 2012;12(3):437-441. doi:10.1037/a0027071

㊶野菜や果物の消費量を増やす

Mujcic R, J Oswald A. Evolution of Well-Being and Happiness After Increases in Consumption of Fruit and Vegetables. Am J Public Health. 2016;106(8):1504-1510. doi:10.2105/AJPH.2016.303260

White, Bonnie & Horwath, Caroline & Conner, Tamlin. (2013). Many apples a day keep the blues away - Daily experiences of negative and positive affect and food consumption in young adults. British journal of health psychology. 18. 10.1111/bjhp.12021.

第6章 自尊心を育てる

㊷正しいことをする

James jr.,Harvey S." Is the Just Man a Happy Man? An Empirical Study of the Relationship Between Ethics and Subjective Well-being"Kyklos 64,no.2 (2011) : 193-212.

Garcia, J. de Jesus, N. C. Fuentes, S.A. Borrego, M.D. Gutierrez, and A. Tapia, “Values and happiness in Mexico: The case of the metropolitan city of Monterrey,” in L. Bruni and P L. Porta (eds.), Handbook on the Economics of Happiness, Cheltenham, UK: Edward Elgar, 2007, 407-428

㊸他人と比較しない

Medvec et al. (1995). When less is more: Counterfactual thinking and satisfaction among Olympic medalists. Journal of Personality and Social Psychology, 69(4), 603–610.

Clark and Oswald (1996). Satisfaction and comparison income. Journal of Public Economics, 61(3) 359-381.

Lyubomirsky, S., and Ross, L. (1997). Hedonic consequences of social comparison: A contrast of happy and unhappy people. Journal of Personality and Social Psychology, 73: 1141–57.

㊹SNSの使用時間を減らす

Kross E, Verduyn P, Demiralp E, Park J, Lee DS, et al. (2013) Facebook Use Predicts Declines in Subjective Well-Being in Young Adults. PLOS ONE 8(8): e69841. https://doi.org/10.1371/journal.pone.0069841

Vogel et al. (2014). Social comparison, social media, and self-esteem. Psychology of Popular Media Culture, 3(4), 206-222.

Chou H, Edge N (2012) 'They are happier and having better lives than I am': The impact of using Facebook on perceptions of others' lives. Cyberpsychol Behav Soc Netw 15: 117–120.

㊺過去のつらい経験を15分間書き出す

Pennebaker JW. Writing About Emotional Experiences as a Therapeutic Process. Psychological Science. 1997;8(3):162-166. doi:10.1111/j.1467-9280.1997.tb00403.x

Bisson JI, Jenkins PL, Alexander J, Bannister C. Randomised controlled trial of psychological debriefing for victims of acute burn trauma. Br J Psychiatry. 1997 Jul;171:78-81. doi: 10.1192/bjp.171.1.78. PMID: 9328501.

㊻信じられるものを持つ

Koenig, H. G., McCullough, M. E., & Larson, D. B. (2001). Handbook of religion and health. Oxford University Press.

McIntosh, D. N., Silver, R. C., & Wortman, C. B. (1993). Religion's role in adjustment to a negative life event: Coping with the loss of a child. Journal of Personality and Social Psychology, 65(4), 812–821. https://doi.org/10.1037/0022-3514.65.4.812

Myers, D. G. (2000). The funds, friends, and faith of happy people. American Psychologist, 55(1), 56–67. https://doi.org/10.1037/0003-066X.55.1.56

㊼観葉植物を育てる

Rodin. J., & Langer, E. J. (1977). Long-term effects of a control-relevant intervention with the institutionalized aged. Journal of Personality and Social Psychology ,35(12), 897–902.

Thompson, C. A., & Prottas, D. J. (2006). Relationships among organizational family support, job autonomy, perceived control, and employee well-being. Journal of Occupational Health Psychology, 10(4), 100–118.

㊽容姿で悩むのをやめる

von Soest et al. (2012). Predictors of cosmetic surgery and its effects on psychological factors and mental health: a population-based follow-up study among Norwegian females. Psychological Medicine, 42(3), 617-626.

Björn Meyer PhD, Maria K. Enström, Mona Harstveit, David P. Bowles & Christopher G. Beevers (2007) Happiness and despair on the catwalk: Need satisfaction, well-being, and personality adjustment among fashion models, The Journal of Positive Psychology, 2:1, 2-17, DOI: 10.1080/17439760601076635

㊾自己完結する目標を持つ

Schmuck, P., Kasser, T. & Ryan, R.M. Intrinsic and Extrinsic Goals: Their Structure and Relationship to Well-Being in German and U.S. College Students. Social Indicators Research 50, 225–241 (2000). https://doi.org/10.1023/A:1007084005278

㊿「小さな勝利」を積み重ねよう

https://hbr.org/2011/05/the-power-of-small-wins　The Power of Small Wins

by Teresa M. Amabile and Steven J. Kramer

参考図書

『わが父チャップリン』(C.チャップリンJr、N&M.ロー、恒文社)

『Mastering Civility: A Manifesto for the Workplace』(Christine Porath、Grand Central Publishing)

『Barking Up the Wrong Tree: The Surprising Science Behind Why Everything You Know About Success Is (Mostly) Wrong』(Eric Barker、HarperOne)

『幸せな選択、不幸な選択――行動科学で最高の人生をデザインする』(ポール・ドーラン、早川書房)

『ファスト&スロー(上)あなたの意思はどのように決まるか?』

『ファスト&スロー(下)あなたの意思はどのように決まるか?』(ダニエル・カーネマン、早川書房)

『予想どおりに不合理　行動経済学が明かす「あなたがそれを選ぶわけ」』(ダン・アリエリー、早川書房)

『HAPPIER―幸福も成功も手にするシークレット・メソッド ハーバード大学人気No.1講義』(タル・ベン・シャハー、幸福の科学出版)

『「幸せをお金で買う」5つの授業』(エリザベス・ダン、マイケル・ノートン、中経出版)

『ポジティブ心理学の挑戦"幸福"から"持続的幸福"へ』(マーティン・セリグマン、ディスカヴァー・トゥエンティワン)

『幸福優位7つの法則　仕事も人生も充実させるハーバード式最新成功理論』(ショーン・エイカー、徳間書店)

『スマホ脳』(アンデシュ・ハンセン、新潮社)

『スタンフォード式人生を変える運動の科学』(ケリー・マクゴニガル、大和書房)

『GIVE & TAKE「与える人」こそ成功する時代』(アダム・グラント、三笠書房)

『心の病を治す 食事・運動・睡眠の整え方』(功刀浩、翔泳社)

『僕らはそれに抵抗できない「依存症ビジネス」のつくられかた』(アダム・オルター、ダイヤモンド社)

[著者]

Testosterone

(テストステロン)

1988年生まれ。学生時代は110キロに達する肥満児だったが、米国留学中に筋トレと出会い、40キロ近いダイエットに成功する。大学時代に打ち込んだ総合格闘技ではトッププロ選手と生活をともにし、最先端のトレーニング理論とスポーツ栄養学を学ぶ。日本の「筋トレ不足」を憂い、筋トレと正しい栄養学の知識を日本に普及させることをライフワークとしている。

［監修］

前野隆司

（まえの・たかし）

慶應義塾大学大学院システムデザイン・マネジメント研究科教授兼慶應義塾大学ウェルビーイングリサーチセンター長。
山口県生まれ、広島県育ち。東京工業大学、同大学大学院修士課程を経て、キヤノン株式会社勤務。カリフォルニア大学バークレー校客員研究員、ハーバード大学客員教授、慶應義塾大学理工学部教授などを経て現職。博士(工学)。 著書に、『脳はなぜ「心」を作ったのか』『幸せのメカニズム』『実践 ポジティブ心理学』『無意識の力を伸ばす8つの講義』『ニコイチ幸福学』『幸せな職場の経営学』など多数。

カバーイラスト　師岡とおる
本文イラスト　今井ヨージ
装　丁　金井久幸(TwoThree)
DTP　TwoThree
企画編集　臼杵秀之(株式会社ユーキャン)
校　閲　鴎来堂

幸福の達人
科学的に自分を幸せにする行動リスト50

2021年 8月20日　初版　第1刷発行
2021年10月21日　初版　第3刷発行

著　者　Testosterone
発行者　品川泰一
発行所　株式会社ユーキャン学び出版
〒151-0053　東京都渋谷区代々木1-11-1
Tel 03-3378-2226
発売元　株式会社自由国民社
〒171-0033　東京都豊島区高田3-10-11
Tel 03-6233-0781(営業部)

印刷・製本　シナノ書籍印刷株式会社

※正誤等の情報につきましては、下記「ユーキャンの本」ウェブサイトでご覧いただけます。
https://www.u-can.co.jp/book/information
※落丁・乱丁その他不良の品がありましたらお取り替えいたします。
お買い求めの書店か自由国民社営業部(Tel 03-6233-0781)へお申し出ください。
 ISBN 978-4-426-61349-5